Terminología Médica

Construye Rápidamente Tu Vocabulario Médico

Técnicas efectivas para Pronunciar, Comprender y Memorizar Términos Médicos

*(Guía Fácil de Seguir **Para Llevar**)*

DARRELL CONNOLLY

© **Copyright 2019 – Hannah J. Tidy Todos los derechos reservados.**

El contenido contenido en este libro no puede ser reproducido, duplicado o transmitido sin el permiso escrito del autor o editor.

Bajo ninguna circunstancia se culpará o se responsabilizará legalmente al editor o al autor por daños, reparaciones o pérdidas monetarias debidas a la información contenida en este libro. Ya sea directa o indirectamente.

Aviso Legal:

Este libro está protegido por derechos de autor. Este libro es solo para uso personal. No puede enmendar, distribuir, vender, usar, citar o parafrasear ninguna parte o el contenido de este libro, sin el consentimiento del autor o editor.

Aviso de Exención de Responsabilidad:

Tome en cuenta que la información contenida en este documento es solo para fines educativos y de entretenimiento. Se han hecho todos los esfuerzos por presentar información precisa, actualizada y confiable. Ninguna garantía de ningún tipo está declarada o implícita. Los lectores reconocen que el autor no participa en la prestación de asesoramiento legal, financiero, médico o profesional. El contenido de este libro ha sido derivado de varias fuentes. Consulte a un profesional con licencia antes de intentar cualquier técnica descrita en este libro.

Al leer este documento, el lector acepta que bajo ninguna circunstancia el autor es responsable de las pérdidas, directas o indirectas, en que se incurra como resultado del uso de la información contenida en este documento, incluyendo, sin que se limite a: errores, omisiones o inexactitudes.

TABLA DE CONTENIDOS

INTRODUCCIÓN 1

CAPÍTULO 1: ¿POR QUÉ APRENDER TERMINOLOGÍAS MÉDICAS? 4
    Beneficios de Aprender Terminologías Médicas 15

CAPÍTULO 2: CÓMO ENTENDER TÉRMINOS MÉDICOS 20
    Los Fundamentos de la Comprensión 23
    Cómo Entender la Terminología Médica 25

CAPÍTULO 3: LOS ELEMENTOS BÁSICOS DE LA PALABRA 50
    Pasos para identificar terminologías médicas 69
    Reglas para Emparejar Los Tres Factores en la Construcción de Terminologías Médicas 72

CAPÍTULO 4: PREFIJOS Y SUFIJOS FÁCILES DE RECORDAR 74

CAPÍTULO 5: CÓMO PRONUNCIAR TÉRMINOS MÉDICOS 89

CAPÍTULO 6: EPÓNIMOS Y HOMÓNIMOS DE TERMINOLOGÍAS MÉDICAS. 95

CAPÍTULO 7: PLURALIZANDO TERMINOLOGÍAS MÉDICAS 105

Regla de Terminología Médica para Palabras Que Terminan en -a. 106

Excepciones a las Reglas Básicas de Pluralizar Terminologías Médicas.. 113

CAPÍTULO 8: LA ESTRUCTURA Y ORGANIZACIÓN DEL CUERPO HUMANO 122

NIVEL QUÍMICO 123

NIVEL CELULAR 125

Las Células Madre: 126

Células Óseas: 126

Plaquetas 127

Células Musculares: 127

Células de la Piel: 128

Células Nerviosas: 128

Células Endoteliales: 129

Célula Sexual 129

Células Pancreáticas: 130

Células de Crecimiento Malignas: 130

NIVEL DE TEJIDO 131

Tejidos Conectivos: 131

Tejido Epitelial: 132

Tejido Muscular: 133

Tejido Nervioso: 133

NIVEL DE ORGÁNO 134

El Cerebro: 135

Los Pulmones: 135

El Hígado: 136

La Vejiga: 137

Los Riñones: 137

El Corazón: 137

El Estómago: 138

Los Órganos Digestivos: 138

Nivel de Sistemas de Órganos 138

Nivel de Organismo 141

CAPÍTULO 9: MEMORIZACIÓN DE TERMINOLOGÍAS MÉDICAS (CONSEJOS Y TRUCOS) 142

CAPÍTULO 10: TERMINOLOGÍAS MÉDICAS Y SISTEMAS CORPORALES 155

CONCLUSIÓN 181

INTRODUCCIÓN

No es raro que las personas dentro y fuera del campo médico sepan que la terminología médica puede ser realmente problemática, especialmente para los principiantes. Esto se debe en gran parte a su distinción en la pronunciación y la longitud de los caracteres, que los diferencian de las palabras cotidianas.

La terminología médica, como su nombre lo indica correctamente, se refiere a los términos, palabras o frases, utilizados para conceptualizar fenómenos propios del campo de la medicina. Estos fenómenos van desde los organismos hasta las enfermedades, las situaciones, las condiciones, los procedimientos de emergencia, las administraciones, los equipos y sus usos correspondientes, entre otros. En pocas palabras, es la dicción alrededor de la cual la comunicación gira alrededor y se hace efectiva en el mundo médico. En esencia, el lenguaje de la medicina.

Estas terminologías son esenciales para cada profesional médico, ya que son las herramientas para las cuales él o ella puede discernir, comprender e informar sobre el problema médico. Por lo tanto, surge una necesidad por la cual debe aprenderse, entenderse y, sobre todo, apreciarse.

En este sentido, este libro es muy útil. Este es un manual cuidadosamente elaborado para servir al propósito de facilitar al alumno a través de los rigores e inhibiciones que plantea el aprendizaje por primera vez de terminologías médicas. Dado que es imperativo que alguien se dedique a cualquier campo médico para aprender las terminologías médicas exclusivas del mismo, este manual es fundamental para ayudar a los alumnos a encontrar sus pies con facilidad y rapidez.

Esto evita que el aprendiz se sienta abrumado por los procesos de aprendizaje de estas terminologías médicas, ayudándole a asimilarlos fácilmente e inculcarlos en sus horas extras de dicción.

En conclusión, este libro es para personas que actualmente están estudiando el campo de la medicina o que ya están trabajando en el campo de la medicina y desean una forma fácil de aprender terminologías médicas. La idea es equipar al alumno con los conceptos básicos de estas terminologías médicas y ofrecerles un conocimiento profundo para un mejor desempeño en sus trabajos o trabajo escolar. Este libro ofrece estas enseñanzas de una manera fácil y conveniente para el alumno.

CAPÍTULO 1:
¿POR QUÉ APRENDER TERMINOLOGÍAS MÉDICAS?

Antes de considerar las razones por las que el aprendizaje de terminologías médicas es importante para un médico o estudiante, vale la pena considerar un conocimiento profundo del término.

Las terminologías médicas se refieren al lenguaje de la comunicación en el campo médico utilizado para representar con precisión los fenómenos propios del cuerpo humano. Estos fenómenos son inclusivos, pero no se limitan a procesos internos y externos, partes, condiciones y las medidas a las que está sujeto el cuerpo humano. En pocas palabras, la terminología médica es un sistema organizado de vocabulario en el campo de la medicina. Este vocabulario se utiliza para interpretar ciertas condiciones, procedimientos, dolencias, y otros conceptos distintos en medicina.

Al igual que con otros vocabularios comunes, las terminologías médicas se derivan de las palabras raíz, prefijos y sufijos combinados para describir un concepto particular. Y aunque estos muchos prefijos diferentes, las palabras raíz y los sufijos tienen significados distintos en sí mismos, sus significados individuales no se pierden completamente en la morfología de las terminologías médicas resultantes.

Si bien el argumento anterior puede resultar demasiado abrumador al tratar de entender las terminologías médicas, con la diversidad de sus estructuras léxicas, es imperativo tener en cuenta que la voluntad de aprender y la apertura mental son claves para este proceso de aprendizaje. Por lo tanto, los aprendices no deben ser disuadidos por la naturaleza de las terminologías médicas porque un enfoque simple para comprenderlas reside en estas estructuras constituyentes: prefijos, sufijos y palabras raíz. Un estudio adicional de la morfología de las terminologías médicas se profundiza en capítulos concurrentes.

Un buen conocimiento de las terminologías médicas es importante para determinar el desempeño de los estudiantes o profesionales de las diversas disciplinas de la medicina en el trabajo y el estudio. Esto se debe a que, independientemente de sus posiciones, ya sea dentro o fuera del contacto con los casos médicos, se requiere el conocimiento de terminologías médicas para permitir un flujo fácil de trabajo y acabar con las inhibiciones. En esencia, para que las tareas de facturación, lectura, escritura, comprensión, entre otras, sean completamente efectivas y se realicen sin restricciones, el sistema de comunicación debe ser homogéneo y utilizado por todos en el campo de trabajo.

Sin embargo, la utilidad de las terminologías médicas no está de ninguna manera inclinada a los aprendices y profesionales por igual, sino también a los pacientes. Dado que los pacientes dependen bastante de la información que se transmite en las terminologías médicas, una interpretación y comprensión adecuadas de los detalles es fundamental para su salud y bienestar en general. Como tal, hay poco o ningún margen para errores que pueden resultar bastante costosos.

Por lo tanto, es deducible de esta consideración que la terminología médica ayuda a los procedimientos médicos y hace que el personal médico sea efectivo en sus deberes para mejorar la salud de los pacientes.

Además, habiendo considerado el concepto de terminología médica, ahora se puede tomar conocimiento de la importancia individual de su estudio. El aprendizaje de la terminología médica es importante por las siguientes razones:

1. *Para Una Comunicación Efectiva:*

La comunicación constituye la causa por la cual el estudio y la práctica de la medicina se originan y se hacen efectivos en cualquier sentido. Esto también se aplica para cualquier otro campo. Pues sin ella, nada puede ser expresado o entendido, y poco o nada puede lograrse. Por lo tanto, es desde este punto de vista que las terminologías médicas deben su importancia relativa a su papel en ayudar a la comunicación en el campo médico.

Pero mientras que la comunicación en sí misma no se limita a ningún medio particular de autoexpresión, para que la comunicación adecuada sea efectiva en cualquier campo médico, se deben emplear terminologías médicas.

Esto se debe a que tanto como cualquier otro lenguaje puede ser suficiente para expresar cualquier fenómeno médico con la mayor fluidez posible, las terminologías médicas más bien captan la totalidad del fenómeno. Esto se debe a que las terminologías médicas se originan en el problema médico. En este sentido, las terminologías médicas representan mejor estos fenómenos médicos, sus posibles causas, las medidas posteriores que deben tomarse y las diferentes etapas que pueden existir en el problema médico. Esto explica por qué ofrecen mejores interpretaciones y comprensión de los fenómenos, ya que literalmente forman la base de su concepción.

Por lo tanto, las terminologías médicas ofrecen un camino estándar para que los médicos y estudiantes se comuniquen de manera efectiva y garanticen una comprensión total de cualquier incidente con base médica.

2. Para Ayudar a Mejorar Un Entendimiento Profundo

Con la formación de una comunicación efectiva ahora en marcha, las terminologías médicas ofrecen una mejor comprensión de cualquier fenómeno médico.

No se puede subestimar que su morfología se origina literalmente a partir de palabras básicas, sufijos y prefijos propios de los muchos fenómenos médicos diferentes. En gran parte llevan detalles inigualables de estos fenómenos. Como tal, solo estas terminologías médicas pueden transmitir una visión profunda de estos fenómenos sin dejar el más mínimo detalle al azar.

Es por esta razón que son sin duda los más importantes. Esto se debe a que en los casos que requieren mucha atención al detalle, el aprendizaje en terminologías médicas resulta más útil. Por lo tanto, frena la aparición de contingencias ineficaces, la comunicación no detallada en otra dicción, o que haya lugar para la ignorancia total. Por lo tanto, evita a los médicos, estudiantes y pacientes el costo de los errores.

Además de ayudar a un estudiante o profesional de medicina a lograr una comprensión perfecta de los fenómenos médicos, aprender terminologías médicas también facilita el descifrado del conocimiento compuesto. Así, no solo ayuda al alumno a comprender la base de los fenómenos médicos, sino que también lo ayuda a identificar cualquier fenómeno de este tipo. Esto se debe a que, cuando se establece la comprensión total, todas las personas involucradas en el área supervisoria no tendrán que retrasarse, ya que la comprensión de los fenómenos no les es ajena en absoluto. Posteriormente, se traduce en un proceso sin problemas y sin obstáculos.

3. Para Facilitar El Empleo de Planes de Salud y Capacitaciones:

Aprender terminología médica es importante para cualquier profesional que constantemente se mejore a sí mismo al dedicarse constantemente a la capacitación. Lo mismo se aplica a estudiantes o personal médico que tienen que someterse a capacitación y talleres durante el curso de estudio o trabajo dentro del campo médico.

Esto se debe a que una comprensión de las terminologías médicas fomenta una mejor comprensión del lenguaje de la comunicación y sus significados correspondientes durante estas capacitaciones, seminarios o talleres. Algunos de los tipos de capacitación pueden incluir la capacitación en cumplimiento con La Ley de Transferencia y Responsabilidad de Seguro Médico (Health Insurance Portability and Accountability Act, HIPAA por sus siglas en inglés) que es fundamental para cada faceta de la práctica médica, o la capacitación en Control emitida por un instituto médico particular, entre otros.

Dado que estas capacitaciones están orientadas a crear un ambiente saludable tanto para el personal médico como para los pacientes, un buen dominio de las terminologías médicas resulta vital para este fin.

4. Inexactitud de los Diagnósticos:

Las terminologías médicas, cuando se aprenden y se comprenden, ayudan a los médicos a comprender mejor las condiciones de los pacientes para realizar diagnósticos mejores y más precisos de estos problemas.

Dado que el personal médico se encuentra con muchos casos mientras cumple con sus deberes, a menudo se necesita rapidez en la redacción de informes, tarjetas de pacientes, etc. Posteriormente, esta información médica está escrita en abreviaturas (terminologías médicas codificadas) y un desconocimiento total o una comprensión parcial de las terminologías médicas puede resultar fatal cuando se trata de esta información escrita. Esto se debe al hecho de que poco o nada se concebiría de la información compleja contenida en la tarjeta o el informe del paciente, lo que provocaría un retraso en el diagnóstico y el tratamiento. Y si bien estos retrasos a veces no son fatales, no se debe arriesgar la vida del paciente.

Por esto, es importante que un profesional se instruya en la ortografía, pronunciaciones y significados de las terminologías médicas para poder diagnosticar eficazmente una ayuda precisa a la situación particular. Al hacerlo, él o ella podría decodificar con éxito los requisitos básicos para los cuales se puede realizar el diagnóstico. Estos requisitos a menudo giran en torno a las consultas sobre el bienestar del paciente a partir de lo que se obtiene del informe. Estas consultas son inclusivas pero no se limitan a lo siguiente;

¿Cuál es la razón de la admisión del paciente?

¿Qué se debe hacer para ayudar al paciente según el diagnóstico?

¿Qué se debe hacer en caso de surgir contingencias?

5. Para Capturar y Transmitir Efectivamente La Información Escrita:

Debido a que a menudo se requiere algún tipo de información escrita en la práctica médica para que sirva como información para un profesional médico, se necesita un grado de claridad en la documentación de esta información.

Y mientras que otros idiomas pueden ser suficientes para describir cualquier fenómeno médico, pueden llegar a ser más largos y poco detallados en comparación con las terminologías médicas.

Por lo tanto, las terminologías médicas se utilizan mejor ya que son relativamente cortas, se entienden fácilmente y capturan todos los elementos esenciales de cualquier fenómeno médico. Esto hace que la tarea de documentar sea más fácil y la de transmitir la información sea comprensible y más normalizada.

En este sentido, es deducible que un cierto conocimiento de la terminología médica es importante tanto para el personal médico que documenta la información como para el que está informando. Solo entonces es probable que se entienda la información para abordar adecuadamente el problema médico mencionado.

6. En Mejorar La Seguridad De Los Pacientes Al Evitar Errores:

La falta de fluidez en las terminologías médicas representa un riesgo para la salud de los pacientes, ya que no se logrará una comprensión valiosa a partir de los informes del paciente.

En este sentido, las terminologías médicas ayudan a transmitir mejor el problema y el historial médico de un paciente, lo que transmitiría a otros miembros del personal sanitario valiosos detalles que son clave para la salud del paciente. Esto, a su vez, permitiría un diagnóstico correcto y preciso del paciente y ayudaría a decidir las medidas que se deben tomar en el paciente.

Así, la seguridad del paciente se ve incrementada por el uso y la comprensión adecuados de las terminologías médicas, lo que requiere una disminución consecuente de los errores o errores a los que un paciente podría llamar la atención o, en el peor de los casos, causa la insatisfacción o el peligro del cliente.

Como ejemplo, cuando el informe médico completo y el historial de un paciente se transmiten en términos médicos, es más probable que el personal de atención médica a cargo del paciente le recete medios de tratamiento más efectivos a partir de la información obtenida de estas documentaciones.

7. Para Mejorar El Trabajo en Equipo y La Precisión de la Retroalimentación:

Se necesita un equipo de personal médico para tratar, informar y supervisar los casos médicos. Por lo tanto, independientemente de sus diversas tareas, todos ellos deben tener un buen conocimiento de terminologías médicas para no ser inhibidores de los procedimientos médicos.

Cuando se alcanza una buena medida de comprensión entre el personal que documenta los informes y las personas directamente involucradas con los pacientes, se establece el trabajo en equipo lo cual sería beneficioso para los pacientes. Este trabajo en equipo podría evolucionar con el tiempo para incluir a los pacientes, debido a que la práctica médica prospera con la retroalimentación. ¿Y quién mejor, que el paciente para dar su opinión sobre sus sentimientos?

Una vez que el paciente está lo suficientemente activo como para participar en la retroalimentación, también es imperativo para ellos un cierto nivel de conocimiento de terminologías médicas. El proceso de educar a los pacientes ayuda al paciente a dar una respuesta más precisa a través de una mejor comunicación. Esto a su vez daría lugar a mejores experiencias de los pacientes.

8. Al Servir Como Una Opción Más Económica y Salvar Carreras:

Por parte de los estudiantes que optan por el estudio privado y personal de terminologías médicas, es un medio más rentable y puede reforzar considerablemente el rendimiento en sus estudios. Además, dado que las terminologías médicas forman la base de los procedimientos en la industria médica, a estos estudiantes se les proporciona una idea de los acontecimientos de los procedimientos médicos. Esto les brinda una ventaja adicional para tener éxito en cualquier programa médico de su elección.

Además, con personal médico ya practicante, una comprensión justa de las terminologías médicas no siempre es suficiente. Por lo tanto, se requiere una mejora continua si se trata de mantener sus trabajos, ser efectivos y dar lo mejor de sí mismos para mejorar a los pacientes.

Beneficios de Aprender Terminologías Médicas

Así como el aprendizaje de terminologías médicas es importante, también otorga ciertos beneficios a los estudiantes indulgentes. Y mientras estos beneficios se extienden en gran medida en los frentes individuales e institucionales por igual, algunos de estos muchos beneficios diferentes se analizan a continuación. Sin embargo, estos beneficios no se inclinan solo a los médicos y estudiantes, sino también a las personas que aprenden el lenguaje médico.

1. Alienta el Espíritu de Equipo y Promueve la Eficiencia:

En ausencia de conocimiento de la terminología médica, es probable que el personal médico se sienta fuera de lugar en un equipo. Esto se debe a la razón de que al no poder comprender completamente el lenguaje de la comunicación, pueden dar como resultado que tengan que adivinar y arriesgarse, o no hacer absolutamente nada. Esto contribuiría en gran medida a ser una inhibición en el camino de un equipo médico o desmoralizar al grupo.

No se puede pasarse por alto que un equipo es probablemente más efectivo cuando el lenguaje es homogéneo y la comprensión es completa y sin restricciones, lo que hace que se cumpla la totalidad del equipo. Así, un buen conocimiento de los términos médicos mantiene al personal médico a la par con un equipo en comprensión, lo que a su vez permite la efectividad en el desempeño del deber.

2. *Fomenta el Entendimiento:*

Las razones principales para aprender terminologías médicas es poder comunicarse y comprender el lenguaje de la industria médica. El beneficio resultante del proceso de aprendizaje es impregnar al estudiante con una comprensión profunda de la estructura de las terminologías médicas. Esta comprensión hace que el alumno sea capaz de reconocer y comprender una variedad de terminologías médicas que podrían desarrollarse mientras cumplen con sus obligaciones.

Pero esta comprensión no se limita al reconocimiento de terminologías médicas solo, sino que incluye la capacidad de descifrar informes médicos e historias de pacientes. Esto despeja cualquier forma de malentendido que pueda incurrir en errores.

3. Ayuda a la Claridad y Precisión:

Debido a su naturaleza bastante específica, las terminologías médicas proporcionan claridad en la entrega. Dado que cada fenómeno médico es distinto en categorización, nombre y posición en la anatomía o fisiología humana, las terminologías médicas transmiten estos detalles y mucho más. En pocas palabras, las terminologías médicas describen con precisión los fenómenos médicos, ayudando al personal médico a buscar respuestas a las preguntas esenciales de qué es y dónde está una dolencia y la mejor manera de abordarla.

Un buen ejemplo de esto es una documentación del personal médico. La información escrita en términos médicos transmitiría correctamente al personal médico en el extremo receptor lo que es el caso, ayudando así a determinar un diagnóstico adicional y los procedimientos posteriores.

También ayuda a limitar las generalizaciones, los malentendidos y la indefinición que pueden surgir con el uso de otros idiomas o el uso inadecuado de términos médicos.

4. Ayuda a Escalar la Barrera del Idioma:

Así como el lenguaje existe como un fenómeno que es común y comprensible para un pueblo, la diversidad que existe en los idiomas en todo el mundo podría plantear un factor inhibidor.

Y dado que no hay un solo idioma que pueda considerarse universalmente, el lenguaje puede ser una barrera para la comunicación en sí misma. Es por esta razón que el conocimiento de la terminología médica resulta fundamental, ya que ayuda a superar la barrera del idioma debido a su homogeneidad en todas las culturas.

Esto hace que el personal médico de todo el mundo sea capaz de comunicarse y trabajar juntos sin que existan malos entendidos del uno al otro. Por lo tanto, representa un medio de pensamiento y proximidad a los detalles que desafía las barreras del lenguaje, ayudando a las contribuciones de diferentes culturas a resolver problemas médicos.

Por lo tanto, es deducible por esta razón que el conocimiento de términos médicos es similar a adquirir fluidez en otro idioma.

Ayuda a Incrementar la Seguridad del Paciente:

Debido a la relativa homogeneidad del lenguaje de la medicina, es menos probable que los pacientes sufran peligro de falta de comunicación cuando son transferidos.

Un buen conocimiento de los términos médicos por parte del personal médico hará que la transferencia de pacientes a través de los médicos o las instituciones de salud sea perfecta y sin una reducción en la calidad de la atención brindada.

Esto pone a los pacientes en zonas seguras, asegurando que un cambio de manos no dará lugar a ningún tipo de error en el tratamiento emitido.

CAPÍTULO 2:
CÓMO ENTENDER TÉRMINOS MÉDICOS

Como se indicó en el discurso anterior, una comprensión profunda de los términos médicos es de gran importancia tanto para los estudiantes como para los profesionales en el campo de la medicina. Se considera tan importante como el aprendizaje de estos términos. Esto se debe a la razón de su uso explícito en la industria médica para realizar procedimientos médicos.

Con el tiempo, la importancia del uso médico se ha extendido más allá del campo médico, por lo que su comprensión es imperativa no solo para las personas directamente involucradas en los procedimientos médicos. De esta forma, los estudiantes y los pacientes han visto la necesidad de una comprensión básica de estos términos.

Como estudiante de medicina, no se puede escapar de los términos médicos, incluso en las conferencias médicas. En una conferencia médica diseñada exclusivamente para profesionales médicos, ser ignorante no es una excusa para no entender estos términos médicos.

Los estudiantes de medicina, aquellos que se inician en el campo, inicialmente, pensarían que las conferencias tendrían mucho más sentido si se utilizara el español habitual que se escuchaba y hablaba regularmente, en lugar de los términos médicos que los dejan confundidos.

Los que comienzan en el campo de la medicina a veces tienen miedo de los términos médicos, y no debería ser así. Es importante tener en cuenta que se pasarán largos años en escuelas, hospitales, dominando estas terminologías y será más fácil a medida que pase el tiempo.

Para comunicarse de manera efectiva con el personal de salud, un estudiante de medicina debe conocer estos términos. No lleva un día. Aprende un poco sobre los términos de hoy y conócelos a diario.

No es hasta que los estudiantes de medicina aprenden lingüística médica que pueden comprender fácilmente lo que se está discutiendo. Esto les permitirá no parecer ignorantes al hablar con un médico totalmente certificado.

Para muchas personas que no están en el campo de la medicina, incluso para los estudiantes de medicina, los términos médicos son vistos como palabras escritas por un extranjero y entendidas únicamente por uno. Mucha gente no sabe que entender lo que significan los términos médicos es realmente simple, cuando uno entiende los diversos componentes: sus raíces, prefijos e incluso sufijos.

La espondilolisis se ve como una mezcla de dos: "espondilo", y esto se traduce en vértebra, así como "lisis", que se traduce en disolución. Esto se traduce en la disolución de la vértebra.

La palabra anterior se usa en muchos términos médicos. Echemos un vistazo a la espondilitis. Se traduce en inflamación, y cuando se juntan espondilo e itis, se obtiene el significado de inflamación de las vértebras. Los términos médicos se refieren a los prefijos y sufijos que tienen significados en todos los casos. Cuando un estudiante de medicina escucha la palabra espondilomalacia, puede confundirse, pero es bastante simple. Malacia se traduce en suave, mientras que espondilo significa vértebras. Cuando se juntan, significa que "las vértebras se ablandan".

Comprender qué significan los componentes de estas palabras ayudará a los estudiantes de medicina a conocer el significado de una gran variedad de términos médicos. Uno puede hacer uso de los sufijos, raíces y prefijos que forman las palabras, y usarlos para interpretar el significado de las palabras.

Los términos médicos nunca deben infundir miedo en los estudiantes de medicina.

Los Fundamentos de la Comprensión

Para comenzar, los estudiantes de medicina de primer año deben saber que muchos términos médicos provienen del griego o del latín, y no se les puede culpar porque son vistos como los progenitores del campo médico.

Si uno no estudió latín o griego en la escuela o no lo ha leído, es recomendable que el estudiante de medicina descargue un diccionario médico o vaya a la biblioteca local y obtenga un diccionario médico. Existe una gran posibilidad de que, como estudiante de medicina, haya un médico por ahí, pregúntales.

Comienza con el Diccionario Médico de Dorland, que ayudará en gran medida a nuestra construcción de los términos médicos.

Esto no significa que un estudiante de medicina se convierta en un profesional ante las palabras, "Jack Robinson" después de obtener el diccionario. Puede llevar un tiempo, incluso años, comprender todas estas palabras. El uso de los medios enumerados anteriormente permitirá al estudiante de medicina conocer algunas palabras y cómo se crearon.

Como un nuevo estudiante de medicina, se recorrerá un largo camino para asegurar que uno entienda las actualizaciones cuando se habla de los tratamientos en el campo de la medicina. Cuando un nuevo estudiante de medicina lea esto, uno comprenderá tanto los datos de la investigación como los nuevos medicamentos.

Veamos una palabra, "pancitopenia". Comienza por dividir la palabra en diferentes partes como "Pan-cito-penia". Por ejemplo, la primera sílaba, "pan" se traduce en "total" o "todo". La siguiente sílaba, "cito" se traduce como "célula", así como "penia", que se traduce como "deficiencia".'

Cuando se define la pancitopenia, significa "deficiencia de toda célula sanguínea".

¿Qué tan comprensible es esto?

Veamos otro ejemplo.

¿Qué pasa con el término médico, "lipodistrofia"? Tomemos las diversas sílabas. "Lipo" significa "grasa", mientras que trofia significa desarrollo o crecimiento. Cuando la sílaba, "dis" se usa, se traduce en "anormalidad". Cuando se juntan las sílabas, la lipodistrofia significa "un crecimiento anormal de la grasa". ¿Quieres someterte a una liposucción?

Este es un ejemplo muy simple. Echemos un vistazo a "leucocitos". Ya mencionamos que "cito" significa células, mientras que "leuco" se traduce como "blanco". Esto significa que la combinación de ambas sílabas conducirá al significado de "glóbulo blanco".

A estas alturas, ya que se sabe lo que significa leucocitos, existe una gran posibilidad de que se sepa a qué se traduce la leucocitopenia.

Un estudiante de medicina puede sobresalir en otros aspectos, pero puede que no esté muy entusiasmado con el aprendizaje de términos médicos, pero a medida que pasa el tiempo, existe una gran posibilidad de que comience a disfrutar de esto. Cuando llegas a esa etapa, uno se dará cuenta de que los términos médicos no son tan difíciles como antes. Se hablará de esto más adelante.

Cómo Entender la Terminología Médica

Incluso Los Estudiantes de Medicina Sienten Temor

Al principio, uno hubiera pensado que solo aquellos que no son estudiantes de medicina o en la esfera de las ciencias de la salud tenían miedo de la jerga médica que los expertos en el campo usan regularmente para discutir varias cosas. Estas jergas se usan generalmente para hablar de un órgano o parte del cuerpo. También podría usarse para discutir condiciones y procedimientos, y algunas veces es confuso entenderlo, pero con el tiempo, uno puede tener fluidez en esos temas. Hay algunos pasos que un estudiante de medicina puede tomar para comprender fácilmente los fundamentos de la lingüística médica y las terminologías.

Fases

Empieza por conseguir un diccionario médico. Ayudará en gran medida al proceso de aprendizaje, pero no es obligatorio. Esto es importante porque ayuda a los usuarios a comprender fácilmente la jerga médica de una manera que muy pocas personas lo hacen. Los diccionarios médicos recorren un largo camino para mostrar los diversos significados de las partes de la palabra, y tienen la palabra traducida al español, que todos pueden entender, y viceversa. Conseguir un diccionario médico lo hace más fácil.

Aprovecha, al menos, una comprensión fundamental de esa palabra en particular que te gustaría aprender. El comienzo de este proceso para comprender lo que significa un término médico es generalmente saber qué significan los diversos componentes del término.

La Raíz: Esto forma el significado básico de la palabra.

La forma combinada: esta es generalmente la raíz que tiene una vocal vinculada a ella, especialmente la letra O. Esto se debe a que vincula la raíz con el término médico. Al escribir la forma combinada, nunca olvides mover la vocal y la raíz combinadas separándolas con una barra. Se permite que una palabra tenga tantas raíces como sea posible, siempre y cuando venga con una vocal combinada.

Sufijo: el sufijo se ve al final del término y es conocido por darle un significado al término médico.

Prefijo: se ve al principio de la palabra y es conocido por actuar como alteración en el significado de la palabra.

Veamos un ejemplo. La cardiología suele significar el estudio que se centra en el corazón.

Cardi/o actúa como la forma combinada de cardi y o, mientras que la -logía se ve como el sufijo de la palabra.

Otro ejemplo es la POLINEUROPATÍA. Esto se traduce en la enfermedad de muchos nervios. Poli actúa como el prefijo, ya que significa más de uno, mientras que neur/o actúa como la forma combinada de neur y o, mientras que la -patía toma el aspecto del sufijo.

Nunca ignores las reglas que rigen la combinación de vocales. Si el sufijo viene con una vocal, entonces la vocal de combinación debe ser eliminada.

Vamos a usar un ejemplo. NEURAL se traduce en nervios. Neur/o se ve como la forma de combinación, mientras que el sufijo se ve como -al. En el caso de que el sufijo comience con una vocal, la vocal de combinación no será retenida por la palabra. Y cuando se usa más de una raíz, la vocal de combinación no se cae, incluso cuando las otras raíces comienzan con una letra de vocal.

Vamos a usar un ejemplo.

GASTROENTERÓLOGO se traduce en un médico que está involucrado con los intestinos y el estómago.

Gastr/o se ve como la forma de combinación inicial, mientras que -logo es el sufijo, y enter/o como la segunda forma de combinación. Es notable que las dos vocales combinadas no están ausentes.

Para entender lo que significa un término médico, comienza por leerlo desde su sufijo hasta su inicio, antes de leerlo. Es importante leer el sufijo inicialmente, antes de pasar a leer el prefijo si viene con uno, luego leer su raíz.

Vamos a usar un ejemplo.

HEMATOLOGÍA.

-logía es el sufijo, y se ve como el "estudio de", el -hemato se traduce en sangre. Esto significa Hematología.

Se traduce al estudio de la sangre.

Usemos otro ejemplo.

Hepatitis. Se considera que la -itis tiene el significado de "inflamación de", mientras que hepat/o es la forma de combinación. Adquiere un significado completamente nuevo cuando estos dos se juntan para formar una palabra. Entonces podría entenderse que significa una inflamación del hígado.

Otro ejemplo es INTRAVENOSO. -oso tiene el significado de :"perteneciente a", mientras que intra- tiene un significado de "dentro". Para ven/o, su significado es "vena". Cuando se juntan, significa "perteneciente a una vena".'

Otro ejemplo es TAQUICARDIA. La -ia significa "condición de", mientras que taqui- significa "rápido" y cardi/o significa "corazón". Cuando se juntan para formar una palabra, significa "condición de un latido cardíaco rápido".'

Un estudiante de medicina puede crear una palabra, al inferir los significados de las múltiples partes de la palabra que intenta usar, y luego combinar las partes de la palabra para crear un término médico.

Vamos a usar un ejemplo.

¿Quiere un término que se traduce como "Extracción del útero"? Entonces se le ocurrirá "HISTERECTOMÍA". La -ectomía en significa "escisión", y hyster/o, que se traduce en útero.

Otro ejemplo es buscar un término que se traduzca en "Perteneciente dentro de un músculo". El término médico que significará esto es INTRAMUSCULAR.

Aquí, -ar significa "perteneciente a", intra- significa "dentro", mientras que muscul/o se traduce como "músculo".'

Otro ejemplo es un tumor canceroso. ¿Quieres un término médico que esté vinculado a un tumor canceroso? Es CARCINOMA. "-oma" significa "tumor", "carcin/o" significa "canceroso".'

Otro ejemplo es un caso de glándulas tiroides hiperactivas. ¿Quieres un término médico que se traduzca a eso? HIPERTIROIDISMO es justamente la interpretación. -ismo significa "condición", o "el proceso", mientras que tiroid/o significa "glándula tiroides" e hiper- significa "más alto de lo normal".'

Comienza a aprender la pronunciación adecuada. Se puede hacer pronunciando la palabra regularmente. Esto es importante en el campo médico, ya que se necesita la pronunciación correcta para garantizar que se mantenga la profesionalidad. Esto también evita cualquier forma de confusión o mala interpretación que pueda llevar a pronunciaciones diferentes. Se sabe que algunas palabras tienen diferentes pronunciaciones con significados diferentes. A veces, uno puede darse cuenta de que la forma en que se pronuncia una palabra en su cabeza no es la forma en que debía sonar. A continuación hay una pequeña lista de esas palabras, y cómo deben pronunciarse. Las letras mayúsculas en negrita utilizadas muestran que la sílaba está destinada a subrayarse.

Usemos ejemplos.

artroscopia: para este término médico, TROS se destaca, en forma de 'ar- TROS-ko-pia.

atrofia: este es otro ejemplo. Aquí, AT se destaca, en forma de "AT-ro-fia".

Biopsia: este es otro gran ejemplo. Aquí, el énfasis en la sílaba BI, como en "BI-op-sia".'

electroencefalograma: en este término médico, se enfatiza "SEF", en forma de e-lek-tro-en-SEF-ah-lo-grama.

eritrocitos: ¿Qué pasa con este término médico? En este caso, "RIT" se enfatiza en forma de "eh- RIT-ro-sitos".'

hematoma: este término médico tiene una sílaba que está estresada, y es "TOH", en forma de "he-mah-TOH-mah".'

Hipertrofia: este término médico tiene una sílaba de "PER" acentuada, en forma de "hi-PER-tro-fia".'

Laríngea: este término médico tiene una sílaba acentuada como en otros términos médicos. En el caso de "lah- RIN-je-a", se enfatiza "RIN".

metastasis: En el caso de "meh-TAS-ta-sis", se subraya "TAS".

Ooforectomía: en este término médico, "oh-of-oh-REK-to-mia o oh-oh-for-EK-to-mia", se enfatizan dos sílabas, y son "REK" y "EK".

recaída: ¿Qué hay en recaída? La sílaba, 'CAÍD' se subraya, en forma de re-CAÍD.

taquipnea: ¿qué hay de esto? La sílaba "KIP" se destaca en la forma de ta- KIP-ne-ah

No te dejes confundir por esos términos y partes de palabras que son similares. Hay algunos términos y partes de palabras que se parecen tanto en la pronunciación como en la ortografía, pero tienen significados diferentes. ¿Que se hace entonces? Es de gran importancia que los estudiantes de medicina conozcan la diferencia entre ambos para evitar que aprendan un significado confuso, lo que puede llevar a un diagnóstico peligroso. Incluso puede causar que uno pierda perder la carrera. Es importante que esto se sepa. Usemos ejemplos.

hiper- se traduce a más alto de lo normal, mientras que hipo significa más bajo de lo usual.

¿Qué hay de sarc/o, que se traduce en "carne", y sacr/o, se traduce en "sacro"? Ten en cuenta que tienen la ortografía casi similar.

En este caso, -tomía tiene un significado de "cortar en", mientras que -ectomía tiene un significado de "eliminación de". Imagina ser un médico y confundir ambos, eso causará estragos. No olvidemos -stomía, que se traduce en "apertura".

-plasia significa formación, y su contraparte, -fagia se traduce en "tragar", mientras que -fasia está vinculada al "habla".

la hematuria se traduce como "sangre en la orina", mientras que uremia significa "grandes cantidades de urea en la sangre".

En el caso de la menorrea, se traduce en "un flujo menstrual habitual", mientras que la menorragia significa "flujo menstrual muy intenso".

Comienza con una A. Una gran cantidad de palabras médicas se crean a través de este medio.

a(n): Cuando uno ve un término médico que tiene una (n), hay una gran posibilidad de que tenga en su significado, ausencia de. Es así de simple.

acou, acu: Cuando uno descubre que un término médico tiene "acu" o "acou" como sufijo o prefijo, y se pregunta qué significa, simplemente sepa que el uso de "acu" significa escuchar.

aden(o): muchos términos médicos utilizan aden(o), y cuando lo escuchamos, nos preguntamos si el término fue creado por extraterrestres que querían burlarse de los humanos. En cambio, entérate que tiene un simple significado de "glándula".

aer(o) air: términos médicos escuchados que tienen el sufijo o prefijo de aer (o), solo sepan que se traducen en aire.

alg: Se traduce en dolor.

andr(o): cuando se usa andr(o) para crear un término médico, se traduce como "hombre", como andrógeno.

angi(o): cuando un nuevo estudiante de medicina oye una palabra como angi(o), especialmente como alguien extraño a los términos médicos, puede comenzar a preguntarse qué significa. Su significado corresponde a vaso.

anquil(o): tiene un término médico que tiene anquil(o), significa un poco torcido o curvado. Es así de simple.

ante: Mucha gente sabe lo que significa ante, pero cuando lo ven en un término médico, tienden a olvidar, pensando que su significado toma otra forma.

anter(i): ¿Escuchas un término médico que tiene anter(i)? Solo debes saber que tiene significado de hacia adelante o en frente.

anti: Anti se usa para crear palabras, y siempre ha significado en contra. Cuando lo ves en un término médico, significa cosas similares también.

arteri(o): Esto parece sencillo ya que el prefijo tiene una ortografía similar a "arteria", pero a veces, nuestras mentes nunca van allí.

artr(o): si se usa un término médico y tiene "artr(o)", toma en cuenta que tiene un enlace a la articulación, como en el caso de la artritis.

atero(o): ¿Has oído hablar de un término médico que tiene "ater(o)", qué pensaste? "Atero'" significa "graso".

audi(o): Esto es tan sencillo. "Audi(o)" siempre ha estado vinculado a la audición.

aur(i): ¿Has escuchado un término médico que tiene "aur(i)"? Lo que un estudiante de medicina debe saber es que lo más probable es que esté relacionado con el oído.

aut(o): cuando se usa auto en una palabra, por lo general significa "uno mismo".

bi, bis: el prefijo "bi" significa dos veces. Cuando se usa para crear una palabra, uno debe saber que está vinculado a dos veces o dos.

braqui: cuando "braqui" se usa en un término médico, tiene un vínculo al significado "corto". ¿Tienes un término médico con "braqui" en el mismo? Ten en cuenta que significa corto.

bradi: cuando un término médico tiene "bradi", se traduce en lento.

buc(o): ¿Alguna vez interactuaste con un médico, y mencionó un término médico con buco? Solo se sabe que está relacionado con la mejilla.

carcin(o): a veces escuchamos "carcinógeno" y nuestras mentes van al cáncer. Cualquier palabra que tenga el prefijo "carcino" está vinculada al cáncer.

cardi(o): Cuando estábamos en la clase de salud de la escuela secundaria, escuchamos mucho sobre el sistema cardiovascular. Cualquier término médico que tenga "cardio" está vinculado al corazón.

cefal(o): Alguna vez has escuchado a dos expertos médicos hablando frente a ti en el entrenamiento, y escuchaste "cefalo", solo sepa que está vinculado a "cabeza".

cerebr(o): Incluso si no conocíamos el prefijo, cerebro, en la clase de salud de la escuela secundaria, lo conocíamos en X-men. Cualquier término médico que viene con el prefijo del cerebro está vinculado al cerebro.

cervic: ¿Mencionó ese médico, "cervic" en un término? Ten en cuenta que significa "cuello".

col(e): ¿Escuchaste un término médico que tiene "cole", y te preguntas qué podría significar? Existe un 100% de probabilidad de que esté relacionado con la bilis o la bilis.

condr(o): ¿Qué pasa con condr(o)? ¿Has oído una palabra con condr(o)? Existe una gran posibilidad de que esté vinculado al cartílago.

circun: En la clase de matemáticas que algunos amaban, circun se podía ver en la palabra, "circunferencia". El prefijo, "circun", significa alrededor.

contra: Veamos el prefijo, "contra". Cuando se usa para formar una palabra, significa contra.

Formas Prácticas de Aprender Terminologías Médicas

El aprendizaje de términos médicos no debe considerarse una tarea tediosa que deba ser odiada. ¿Han pasado días mirando un diccionario médico y hasta ahora solo se han memorizado algunos términos médicos?

Como estudiante de medicina, omitir esta parte puede ser lo que deseas para reducir la tensión, pero puede que no sea posible, ya que es un aspecto vital. Es de suma importancia que seas consciente de esto y que planifiques en consecuencia. Esto se debe a que el lenguaje de la medicina debe ser hablado por verdaderos profesionales. Hemos discutido las sílabas y otros aspectos de un término médico, ahora discutiremos el enfoque correcto para aprender inteligentemente los términos.

Hay un lado positivo en la situación oscura, ya que existen excelentes técnicas de memorización que pueden funcionar bien para garantizar que un estudiante de medicina se destaque de sus compañeros, y diga y entienda sin esfuerzo el significado de los términos sin estrés. Aprender términos médicos puede volverse divertido usando los métodos que se enumeran a continuación.

1. Comienza haciendo uso de señales visuales para memorizar términos avanzados.

2. Hay aplicaciones de Android e iOS que se pueden usar para practicar los términos.

3. Uno puede descifrar fácilmente los diversos términos médicos conociendo las partes del Latin fundamentales como prefijo, sufijo y raíz. Esto ha sido discutido anteriormente.

4. El aprendizaje masivo es posible haciendo uso de acrónimos hechos por uno mismo.

5. Hacer uso de libros de trabajo atractivos, así como guías.

6. Lo último es tomar con regularidad cursos en línea que son gratuitos.

¿Cómo Puedes Aprender Terminología Médica Sin Usar Imágenes?

Los estudiantes de medicina pueden aprender fácilmente mucho sobre términos médicos rápidamente, usando una imagen para cada término. Esta será una pista que les permitirá recordar un término.

El cerebro humano está diseñado para guardar información utilizando imágenes. ¿Alguna vez has dicho, "manzana"? ¿Que pasó? ¿Surgió la representación gráfica de la manzana en tu cerebro? Muchas personas por lo general no visualizan cómo se deletrea la palabra.

"Manzana" puede visualizarse fácilmente, pero ¿una palabra como "subhepático" se visualiza con facilidad? Subhepático se traduce en estar situado debajo del lado ventral del hígado. Aquí, un estudiante de medicina puede darle a su mente un pensamiento que es a la vez familiar y simple, que puede vincularse al término. No importa lo que sea el gráfico o la imagen.

1. Consejos Para Memorización Visual Consejo: Una Forma Efectiva de Aprendizaje:

Let's start by looking at a word. "Ginglymoid" translates to looking like the hinged joint. Below is a great way to have the term memorized.

Phase 1. Opt for any phrase that goes a long way to summarize what "ginglymoid" means. Make use of the phrase, "hinged joint." Go ahead to have the phrase linked to the brain.

Phase 2. Go ahead to have the medical term broken into syllables. Ignore the term's spelling, and instead spend attention on how the syllables sound. The medical term, "ginglymoid" is usually pronounced like "jing-lei-moyd." Now that you know how it sounds, start to say it out loudly.

Phase 3. Try to find out what common words that sound similar to the syllables of the medical term above. It reminds us of "jingly mud." Never forget that one is opting for any phrase that comes to mind. When jingly mud is used, it will give a picture of jingle bells that are left in dried up mud. One would want to pull the bells out but since the mud is dried up, it is not easy, hence the elbows are hurt.

Phase 4. Try to get the mind to have a picture of the following items easily visualized in the brain. What kind of hue is the ribbon? What of the kind of metal that the jingling bells were created from?

It is important that whatever picture is created is unrealistic and silly because the mind is known to easily forget things that are deemed as ordinary. It's those things that are unusual that can be remembered easily.

Phase 5. Immediately someone says the medical term, "ginglymoid," the syllables make one remember 'jingly mud,' which then forces the brain to know that it means, "hinged joints."

The mind visualizes the funny image of bells jingling that were left in dried mud, as well as elbows that are sore. With that, one can easily know that "ginglymoid" translates to a hinged joint. Viola, it is done.

2. Hacer Uso de Aplicaciones de Términos Médicos, Juegos y Herramientas para Tu Dispositivo:

Llevar tarjetas flash o libros grandes encima cada segundo puede ser molesto. Esta es la razón por la que uno debería intentar optar por cualquiera de las aplicaciones de Android o iOS que permiten que la memoria sea entrenada, explorando así las diversas técnicas de aprendizaje a medida que uno está en marcha.

A continuación hay aplicaciones geniales que le permiten a un estudiante de medicina saber qué significan los términos médicos fácilmente:

APLICACIONES IOS

MCAT Flashcards: Esta aplicación le permite a un estudiante de medicina elaborar fácilmente sus propios juegos de tarjetas "flashcards". El estudiante también puede optar por más de doscientos conceptos en biología, química e incluso química orgánica.

Taber's Medical Dictionary:

Esta aplicación viene con más de mil imágenes, más de 65.000 términos, más de 32.000 pronunciaciones de audio y alrededor de cien videos. La aplicación también viene con más de 600 declaraciones de atención al paciente.

Psych Terms:

Este es un diccionario médico que se presenta como un glosario de salud mental, psiquiatría e incluso psicología.

Medical Terminology and Abbreviations:

Esta actúa como una lista de prefijos, abreviaturas y sufijos que le permitirán asimilar terminologías médicas avanzadas.

Med Term Scramble:

¿Te gusta Scramble? Esta es la versión médica. Uno puede realizar fácilmente una prueba de cómo está su conocimiento de términos médicos. La aplicación también está disponible en dispositivos Android.

Eponyms: Es excelente para los estudiantes, ya que brinda una breve descripción de cerca de dos mil epónimos médicos místicos y de uso común.

Aplicaciones Médicas para dispositivos Android

Si un estudiante de medicina usa un dispositivo Android, él o ella puede usar las siguientes aplicaciones.

Learn Medical Terminology

Esta aplicación de Android posee las listas de sufijos, raíces y prefijos. Allí, el o la estudiante obtendrá muchos enlaces a cursos gratuitos de aprendizaje en línea.

Medical Terms EN: con esta aplicación de Android, puede aprender fácilmente los términos médicos que se usan comúnmente, así como los síntomas y las pruebas. Viene con una búsqueda que es habilitada para voz, así como otras opciones inteligentes.

Medical Terminology Quiz

Esta aplicación viene con doce temas diferentes que conciernen a la anatomía del cuerpo humano.

Medical Terminology Flashcards:

Es muy fácil elaborar tarjetas personalizadas, o simplemente puedes optar por las que están pre-elaboradas. La aplicación está diseñada para permitir que uno marque las tarjetas como incorrectas o correctas, para que el nivel de progreso sea fácilmente monitoreado.

Medical Terminologies: Sirve como un diccionario médico que viene con términos poco comunes y también comunes. También viene con palabras y frases. El usuario no tiene que estar en línea para hacer uso del mismo.

Medical Terminologies Scramble:

Hay un tipo médico de scramble que viene con más de treinta listas de palabras diferentes. Existe como una aplicación disponible en las plataformas iOS y Android.

3. Uno puede descifrar fácilmente varios términos médicos conociendo las partes del Latín fundamentales como prefijo, sufijo y raíz. Muchos de estos surgen de palabras griegas o latinas. Saber el significado de las sílabas en latín o griego puede ayudar mucho al estudiante de medicina. Esto no significa que uno deba aprender cada palabra griega, en lugar de eso, aprenda los prefijos, raíces y sufijos latinos o griegos que se usan bastante

Algunos términos médicos no son fácilmente comprensibles, por eso es importante aprender las sílabas. Cada término médico tiene un componente fundamental. Han sido discutidos anteriormente, y son las palabras raíz que actúan como la base del término, los prefijos, los grupos de letras que permanecen frente a la palabra raíz en sí, así como los sufijos, los grupos de letras que se ven al final de la raíz de la palabra. Si un estudiante de medicina decide dividir una palabra en varios componentes, toma en cuenta que él o ella sabrán fácilmente el significado de la palabra. Cuando comprende cómo funcionan los componentes básicos de los lenguajes, puede conocer fácilmente el significado de la terminología médica avanzada.

4. El estudiante de medicina puede aprender en gran proporción haciendo uso de acrónimos hechos por sí mismo.

Es fácil memorizar un conjunto de palabras que son similares al crear acrónimos. Para hacer esto, escoge una letra de cada palabra, y haz que las letras formen una frase o una nueva palabra.

Para crear acrónimos, uno necesitará un poco de creatividad para hacerlo bien. El estudiante de medicina puede comenzar por crear un conjunto de palabras relacionadas, escoger sus primeras letras y hacer que estén ordenadas para crear algo que se pueda recordar fácilmente.

Veamos a una persona que intenta memorizar las causas del "eritema nodoso".

"Eritema nodoso" se traduce en la inflamación de la grasa debajo de la piel. Esto generalmente ocurre debido a infecciones, medicamentos, colitis uicerativa, embarazo o incluso tuberculosis.

El estudiante de medicina puede comenzar por elegir las primeras letras de las causas y tratar de formar una frase que sea significativa.

Es muy importante que uno elabore sus propios acrónimos para cualquier propósito que desee. Podría ser para partes del cuerpo, tratamientos, enfermedades, etc. Hay varios acrónimos que se reconocen oficialmente y que un estudiante de medicina puede ver.

5. ¿Qué hay de hacer uso de libros de trabajo atractivos, así como guías?

En lugar de optar por esos diccionarios pesados, un estudiante de medicina puede optar por guías que ofrecen detalles similares, pero de una manera muy comprensible. Hay algunos libros que están diseñados para permitir que un estudiante de medicina los memorice fácilmente, no solo para darles clases particulares.

Si un estudiante de medicina quiere optar por guías, entonces uno puede elegir:

Medical Terminology for Dummies:

Este libro le permite a uno saber y entender fácilmente la terminología médica. El lenguaje en el libro es muy entretenido y atractivo. El autor fue tan listo que hizo el libro interesante.

Medical Terminology: A Living Language

Este libro no mataría de aburrimiento a un estudiante de medicina, y también les da detalles. Uno no será bombardeado con terminologías arcaicas que nunca serán utilizadas.

6. Tomar cursos en línea que son gratuitos:

Un estudiante de medicina puede comenzar tomando un curso en línea que se centra en la terminología médica y es gratuito. No importa si uno estudia en una escuela de medicina. Esos cursos en línea pueden ser ideales para mejorar sus conocimientos.

Algunos grandes cursos en línea que son gratuitos son:

"Understanding Medical Words"

Esto le da a un estudiante de medicina las abreviaturas, definiciones y explicaciones de los términos médicos. Las palabras se dividen generalmente en su raíz latina o griega. ¿A quién no le gustaría sus agradables imágenes y ejemplos?

"Medical Terminology Course"

Este curso en línea está dirigido por la Universidad Des Moines. El curso en línea se comparte en diferentes opciones, y todos vienen con un cuestionario que les sigue. Cada lección viene con ejemplos que son prácticos, así como detalles adicionales que se refieren a un tema que fue analizado. El tono y el lenguaje que se utilizan son fáciles de entender y ligeros.

"Medical Terminology"

Este es un curso en línea dirigido por SweetHaven Publishing Services. Las lecciones de este curso en línea generalmente se muestran en forma de tarjeta de memoria flash que le permite moverse a través de los distintos módulos. Este curso en línea suele ser perfecto para todos, especialmente para estudiantes de medicina y trabajadores. El curso se puede tomar fácilmente a cualquier ritmo que uno quiera.

CAPÍTULO 3:
LOS ELEMENTOS BÁSICOS DE LA PALABRA

Al igual que la dicción de otros idiomas, las terminologías médicas son palabras compuestas de estructura. Su morfología gira en torno a tres factores principales que son un conjunto de palabras raíz, prefijos y sufijos combinados para formar una palabra distinta en significado y esencia. De esta manera, estas terminologías médicas, por complejas que parezcan, una vez que se entienden a partir de sus componentes constituyentes, pierden su complejidad y se comprenden de manera menos ardua. Entonces se puede deducir que una vez que se alcanza un buen conocimiento de su estructura morfológica, es posible identificar, pronunciar, comprender y distinguir estos términos. Y esto es posible porque las terminologías médicas se combinan de raíces de palabras, prefijos, combinando formas y sufijos.

Un ejemplo dado es la palabra, rinosinusitis. A primera vista de un aprendiz por primera vez, esta palabra podría parecer un trabalenguas y le daría un pequeño giro a nuestra cabeza. Sin embargo, al desglosar esta palabra en sus partes constituyentes, que son un sufijo, una palabra raíz y una forma combinada, la pronunciación y la comprensión se hacen fáciles y posibles hasta cierto punto.

La falta de un prefijo en esta palabra está compuesta por la forma combinada (rino que significa nariz) lo cual muestra la posición. El sufijo de la palabra es "-itis" que implica una "inflamación de". La parte final es la palabra raíz, "seno", que se refiere al seno; La bolsa o cavidad del seno paranasal.

(Forma combinada) Rhino-nariz

(Palabra raíz) -sinus- seno o cavidad sinusal (en este caso, seno paranasal)

(Sufijo) -itis inflamación de

Con este desglose, al unir estos significados se interpretará la palabra rinosinusitis como una condición médica de inflamación en la nariz y el seno. Caso en el que se infecta el revestimiento nasal y la cavidad sinusal.

Además, el método de combinación de las palabras raíz, los prefijos y los sufijos determina en gran medida el significado que la terminología médica podría representar. Por lo tanto, un cambio en cualquier parte de la palabra requiere un cambio total en la forma y el significado. Otro factor que contribuye a la morfología de las terminologías médicas reside en sus distintos caracteres de conformación que determinan en gran medida su ortografía y pronunciación. Es por esta razón que las terminologías médicas expresan características homofónicas; teniendo una pronunciación similar o similar pero un significado y una ortografía totalmente diferentes.

Ejemplos amplios de esta calidad homofónica se ven en las palabras que se describen a continuación.

La palabra Cistitomo (si-sti-tomo) puede confundirse fácilmente con Cistotomo (si-sto-tomo) debido a una similitud en la ortografía y la pronunciación. Sin embargo, el primero es relativo al ojo, es decir, un instrumento utilizado para abrir la cápsula de la lente. El último, por otro lado, es un instrumento utilizado para realizar incisiones en la vejiga.

Otro ejemplo son las palabras Anuresis (A-nu-resis) y Enuresis (E-nu-resis). La única diferencia en la ortografía de ambas palabras se encuentra en sus letras iniciales. De lo contrario, su pronunciación es casi similar, y además, riman perfectamente juntas. Esto retrata otra calidad homofónica de términos médicos. Sin embargo, su distinción está en sus significados. La anuresis es una afección médica categorizada por la retención de orina por la vejiga o la incapacidad de orinar. La enuresis, por otro lado, se refiere a una condición involuntaria e incontrolable de la micción. En otras palabras, mojar la cama.

Los ejemplos anteriores que han ayudado a amplificar el discurso, describieron los componentes morfológicos de un término médico como clave de la base misma de la palabra. Así, ahora se dará un conocimiento especial a estos diversos constituyentes que conforman una terminología médica. Estos bloques de construcción constituyentes incluyen lo siguiente:

1. Raíz de la Palabra:

Las raíces de las palabras se interpretan a menudo como palabras raíz. Se refiere a la parte principal de la palabra de la cual se deriva en gran parte su significado. Las terminologías médicas pueden tener una raíz de una palabra o más. Las raíces de la palabra de muchas terminologías médicas son sustantivos o verbos que provienen en gran parte de orígenes del latín y griego antiguos. Esta diversidad en el origen lingual los hace muy distintos de sus contrapartes directas en otros idiomas, como el Español.

Además, la raíz de la palabra es a menudo un tejido, órgano o condición del cuerpo. Esto se ve en un ejemplo anterior de la palabra rinosinusitis, donde la palabra raíz es "seno", que se refiere a los tejidos que forman el seno y la cavidad sinusal. En este sentido, las terminologías médicas son a menudo términos utilizados para describir la anatomía del cuerpo, ya que comprenden en gran parte las diferentes partes del cuerpo.

Además, los estudios en profundidad de las raíces de palabras han demostrado que sus significados a menudo están sujetos a modificaciones mediante la combinación de un prefijo o sufijo. Para explicar adecuadamente esto, se da un ejemplo en la palabra, Hipertensión. Implica una anomalía en la presión arterial, en este caso, presión arterial inusualmente alta.

La palabra raíz aquí es "-tensión" que significa presión. Y el prefijo aquí es "hiper", que significa "alto".La combinación de ambos morfemas cambia el significado original de la raíz de un significado simplemente de "presión" para significar un nivel de presión "más alto". Sin embargo, el significado de la palabra raíz no se pierde completamente sino que se modifica.

Pero mientras que el significado de una raíz de palabra se puede alterar por un prefijo o sufijo, la raíz de la palabra es el determinante del prefijo o sufijo aceptable que se utilizará. En esencia, una raíz de palabra de origen griego requeriría prefijos y sufijos de origen griego también. Lo mismo es aplicable para las raíces de palabras que provienen de origen latín. La raíz de la palabra también es responsable de determinar la vocal de combinación utilizada para unir un sufijo u otra palabra raíz, y la forma que asume el prefijo durante la combinación. Este poder determinante resulta en la formación de palabras compuestas. En otros casos, a veces puede alterar la ortografía y la pronunciación del prefijo utilizado.

Las alteraciones en los prefijos combinados con palabras raíz se deben a los caracteres que forman la palabra raíz. Los prefijos con una "o" en su composición tienden a perder esta vocal cuando se conectan a una palabra raíz que comienza con otra vocal.

Lo contrario se aplica cuando la palabra raíz comienza con una consonante. La "o" es retenida por el prefijo de suavidad y ritmo en la pronunciación.

Un ejemplo de este caso existe en la palabra, cardiovascular. El prefijo aquí es "cardi/o-" que significa corazón, y la palabra raíz "-vascular" significa vasos circulatorios o circulación. La "o" en "cardio" se conserva porque "vascular" comienza con la consonante "v".

Otra cualidad de las raíces de palabras es su capacidad para actuar como prefijos. En este caso, una palabra raíz se agrega a otra para formar una palabra compuesta en la que esta última asume el lugar de un prefijo. Como en el ejemplo anterior, la palabra cardiovascular se compone de dos palabras raíz; "cardio-" y "-vascular". Sin embargo, "cardio-" reproduce el prefijo en esta palabra para indicar una ubicación, el corazón.

Algunos ejemplos comunes de raíces de palabras se escriben a continuación con sus significados correspondientes.

Abdomin/o significado relacionado con el abdomen o abdomen

Acr/o significa extremidades o el punto más alto o más extremo

Aden/o significa glándulas o pertenecientes a las glándulas

Adenoide/o significa adenoides

Adip/o significa grasa o perteneciente a las grasas

Alb- que significa blanco (especialmente en la coloración de la piel)

Albúmin/o que significa albúmina (cualquier proteína monomérica soluble en agua)

Amni/o significa amnios

Amilo/o que significa almidón o que pertenece a la formación de almidón

Angi/o significa vaso

Acant/o significa espinoso o peliagudo (especialmente en apariencia)

Acar/o que significa ácaros

Acetabul/o que significa acetábulo (la cavidad de la cadera)

Acus/o significa audición o pertenencia a la percepción de sonidos.

Acust/o significa escuchar sonidos

Acromi/o significa acromion (una extensión del hueso del hombro)

Actin/o que significa luz

Acu/o significa agudo, severo o repentino (especialmente al describir dolor o sensación)

arsenic/o que significa arsénico (un elemento químico con un número atómico de 33)

Arter/o significa arteria (un vaso involucrado en la circulación sanguínea)

Arteri/o que significa arteria

Arteriol/o que significa arteriola (un tipo más pequeño de arteria en comparación con las arterias renal y pulmonar)

Artr/o significa articulación

-Artria significa articulado (la capacidad de hablar claramente)

Bil/i significa bilis

Blast/o significa forma embrionaria

Blefar/o significado párpado

Braqui/o que significa brazo o que pertenece a braquial o forma corta (como en braquiosofágico)

Bronqui/o que significa la tráquea o que pertenece a la tráquea

Blen/o significado moco (una secreción de las membranas mucosas)

Bol/o significa vaciar o empujar

-Bulia significa voluntad

-Ciso significa cortar o pertenecer al corte.

-Cle significa pequeño (especialmente en tamaño)

-Coco que significa redondo (perteneciente a forma y apariencia)

Col significa de o relacionado con el colon

Con significa con o juntos

Anti- significa contra (como en el caso de los anticonceptivos)

Coron significa corazón

Cost significa la(s) costilla(s)

Crani significa cráneo o perteneciente al cráneo.

Crio significa frío

Cutane significa piel o perteneciente a la piel

Cian significa azul

Cist que significa la vejiga

Cit significa célula

-Cito otra palabra para celular

Dactil significa los dedos

De- significa abajo

Derm significa piel

Dermat otra palabra para piel.

Ec- significa afuera

-Ectasia significa dilatación

-Ectomía: extracción quirúrgica (generalmente de partes del cuerpo u órganos como en la vasectomía)

-Ectopía significa desplazamiento.

-Emia significa una condición de la sangre.

Encefalo significa el cerebro o perteneciente al cerebro.

Endo- significado dentro o interior (como en posición. Por ejemplo, un endobiótico)

Entero significando el intestino delgado

Eosin significa rosa (especialmente en color o apariencia)

Epi significa sobre o encima (especialmente en la posición. Por ejemplo, epibentos)

Eritr- significa rojo (como en color o apariencia). Ej.: eritrocitos - glóbulos rojos)

-Estesia relacionada con sentimientos o sensaciones (especialmente algo que provoca un sentimiento. Como en la anestesia - destinado a eliminar el dolor).

Esofag- relacionado con la garganta o la garganta.

Eu- que significa normal

Ex- significa una salida o fuera de (según pertenezca a la posición)

Flex significa doblar

Gastr/o- el estómago

-Gen pertenece a cosas que producen.

-Genesis significa crear

-Génico perteneciente al proceso de producción.

Brillo que significa la lengua

Hem/a; Hem/o; o Hemat/o perteneciente a la sangre (como en la hemoglobina, la sustancia que contiene hierro en los glóbulos rojos)

Hepat/o que significa el hígado

Hist/o significa tejido(s)

Hom/o significa común o semejante; igual (como en la homosexualidad)

Humero/o que significa el húmero

Hidr/o que significa agua o que pertenece al agua

Hister/o que significa el útero o la matriz (como en la histerectomía)

Ile/o que significa el íleon (la parte más larga y más larga del intestino delgado)

Ili/o que significa ilio (el más grande de los tres huesos que comprenden el hueso de la cadera y la pelvis)

Inmun/o que significa inmune o perteneciente a la inmunidad

Jejun/o significa el yeyuno (la parte central del intestino delgado)

Labi/o significa el labio

Lacrim/o significa lágrimas o ganas de llorar

Lact/o significa leche o perteneciente a la leche (como en la lactancia)

Lapar/o significa el flanco del abdomen o las paredes abdominales

Laring/o significa la laringe (el órgano que comprende las cuerdas vocales y participa en la producción de sonido)

Later/o significa lado(s)

Leuc/o o Leuk/o significa blanco (como en los leucocitos - los glóbulos blancos)

Lingu/o significa la lengua o perteneciente a la lengua (como en linguogingival)

Labio/o significa grasa (como en lipasa)

Lit/o que significa piedra (s) (como en el ácido litobílico que se obtiene de las piedras bezoar)

Lob/o que significa el lóbulo(s)

Lumb /o significa la región lumbar (como en la vértebra lumbar)

Linf/o significa la linfa o perteneciente a linfáticos (como en los linfocitos, una división de los glóbulos blancos)

Mam/o o mástil/o significa el pecho

Medi/o significa el medio

Melan/o que significa negro (como en la melanina)

Men/o que significa mes o que se refiere a la aparición mensual (como en el ciclo menstrual)

Mening/o significado de membrana

Metr/i significa el (los) tejido(s) uterino(s)

Mon/o que significa uno o solo

Muc/o significado moco

Ne/o que significa nuevo

Necr/o significa muerto o perteneciente a un cadáver

Nefr/o significa el riñón(s)

Neur/o significa nervio o perteneciente a los nervios (como en la neuroanastomosis)

Odont/o significa dientes o perteneciente a dentición (como en el heterodont)

Odin/o significa dolor o angustia

Or/o significa la boca

Orqui/o significado testículo

Orto/o que significa derecho

Oste/o que significa hueso (como en osteoarticular)

Ot/o significa oreja

Pedi que significa niño (como en un pediatra)

Pancreat/o que significa el páncreas

Patell/o que significa la rótula (un hueso sesamoideo - la rótula)

Pat/o signfica enfermedad

Pelv/i que significa la pelvis

Periton/o significado peritoneo (la membrana serosa que extrae la cavidad abdominal)

Farmac/o que significa droga o perteneciente a medicina

Faring/o significa la faringe

Rect/o que significa recto (la parte final del intestino grueso: el ano. Por ejemplo, rectoclisis)

Ren/i significa renal o como perteneciente a los riñones (como en la renina)

Rin/o significa la nariz (como en la rinosinusitis)

Sacr/o que significa sacro (como en sacrocaudal, perteneciente a la cola o al sacro)

Salping/o significa trompa de Falopio o perteneciente al oviducto

Esplen/o significa bazo

Espondil/o significado vértebra

Estet/o significa pecho

Estomat/o significa boca

Ten/o significa el tendón.

Torac/a significa el tórax o como perteneciente al tórax (como en la toracalgia - un dolor en el tórax)

Tir/o significa la glándula tiroides (como en tirocervical)

Traque/o significa la tráquea

2. *Combinando Vocales:*

Antes de considerar las formas combinadas de terminologías médicas, es importante considerar la combinación de vocales, ya que son una parte importante de una forma combinada. Además, desempeñan un papel clave en el aspecto fonológico de cualquier terminología médica, siendo en gran parte responsable de su suavidad de pronunciación.

En esencia, las vocales combinadas son vocales usadas en la combinación de dos palabras raíz o una palabra raíz y un sufijo. Como el nombre connota, las vocales combinadas comprenden las letras de las vocales del idioma Español (A, E, I, O y U). Sin embargo, solo se usan dos vocales del lote. Son las vocales: la "O" y la "I". Las vocales combinadas se utilizan para unir raíces de dos palabras en la formación de terminologías médicas compuestas y para unir una raíz de palabra a un sufijo.

En la formación de terminologías médicas compuestas, las vocales combinadas se conservan incluso cuando el comienzo de la segunda palabra raíz es una vocal. Además, en el caso de los términos médicos compuestos con sufijos, se considera una vez más la combinación de vocales para hacer el enlace adecuado. En estos casos, sin embargo, es probable que las palabras de la raíz desplacen sus vocales si los sufijos de unión comienzan con las vocales. Esto es más probable cuando los sufijos comienzan con la vocal "I". Aunque, en otros casos de los sufijos que comienzan con consonantes, las palabras de la raíz compuesta conservan sus vocales combinadas.

3. *Combinando Formas:*

La combinación de formas surge de dos factores, una raíz de palabra y una vocal de combinación. Las formas combinadas se forman cuando se agrega una vocal combinada a una raíz de palabra. De esta manera, la combinación de formas depende de la combinación de vocales para su propia existencia. Además, se pueden usar indistintamente con las palabras de la raíz (como se ve en los ejemplos anteriores de las palabras de la raíz).

Las formas combinadas de terminologías médicas se denotan mediante una barra inclinada hacia la derecha seguida de una vocal combinada. Un ejemplo se ve en la palabra Abdomin/o.

La palabra raíz es "abdomin", mientras que la vocal combinada es "o". Por lo tanto, "abdomin" se combina con "o" y está separado por la diagonal (/) para obtener la forma combinada "abdomin/o".

La combinación de formas desempeña el papel de un afijo para los sufijos y otras palabras de raíz. No obstante, al realizar esta función, conservan la originalidad de las palabras de raíz de las cuales se originaron y no están directamente involucrados en la alteración de los significados de la palabra raíz. En otras palabras, una raíz de palabra de origen latín o griego conserva su significado y origen cuando se transforma en su forma combinada por una vocal combinada.

Además, en la formación de formas combinadas en el idioma Español, la vocal "o" a menudo se prefiere como la vocal combinada. Un ejemplo de esto es peculiar con la palabra gastroenteritis que connota una inflamación en el intestino delgado y el estómago.

Gastr- es una palabra raíz que significa estómago.

-Enter- es otra palabra raíz que significa intestino delgado; y

-itis es un sufijo que significa inflación de.

Estas partes constitutivas de la palabra "gastroenteritis" no se pueden unir sin la vocal de combinación, "o", que se agregaría a la palabra raíz "gastr" para formar la forma de combinación, "gastr/o".Es esta forma la que ahora se puede emparejar con las otras dos partes constitutivas para formar la palabra.

Este ejemplo también retrata la característica de una forma combinada para fijarse fácilmente a otra palabra raíz y formar una palabra compuesta.

Pasos para identificar terminologías médicas

La facilidad de comprensión y uso de terminologías médicas surge de la capacidad de identificarlas. Sin embargo, la clave para identificarlas y, posteriormente, comprenderlas y utilizarlas con regularidad se encuentra en sus partes constituyentes. Pero aunque todas las partes son importantes para la identidad general de un término médico, solo tres factores son fundamentales para ayudar a identificar el término médico. Estos factores se describen a continuación:

1. *Entender la Palabra Raíz:*

La raíz de cualquier término médico es la parte de la cual el término obtiene su significado básico. Dada la intensidad que representa, la palabra raíz es generalmente un componente anatómico o fisiológico del cuerpo. Y así como existe una amplia gama de componentes fisiológicos y anatómicos del cuerpo, lo mismo se aplica a las raíces de palabras. En pocas palabras, para cada parte del cuerpo, hay una palabra raíz correspondiente para ello.

Además, la palabra raíz representa el primer paso en el proceso de identificación de cualquier término médico porque su significado influiría en gran medida en la naturaleza de sus modificadores; un prefijo, sufijo u otra palabra raíz.

Para facilitar una mejor comprensión de esto, se considera una instancia utilizando el término médico del ejemplo anterior, gastroenteritis.

Rompiendo la palabra, llegamos a dos palabras de la raíz, "gastr" y "enter" que se interpretan como el estómago y el intestino respectivamente, ambos órganos del cuerpo.

2. *Entender las Formas Combinadas y Vocales:*

El siguiente paso después de entender la palabra raíz es determinar la vocal que combina y la forma de combinación resultante como en los casos de múltiples palabras de raíz.

La vocal combinada puede variar entre las cinco vocales del alfabeto Español, pero las más frecuentes en términos médicos son las vocales; o, i, y la a. La apariencia de esta vocal depende de la disponibilidad de una vocal como la letra inicial del sufijo o la palabra raíz adyacentes, o la ausencia de esta. Lo más peculiar de la unión de sufijos que comienzan con las vocales es la eliminación de la vocal combinada en una palabra raíz. Esto es para evitar la aparición de vocales dobles.

La forma combinada se eleva cuando la vocal combinada se retiene y se agrega a una palabra raíz para unir un sufijo u otra palabra raíz.

Siguiendo el ejemplo, "Gastr" se agregaría a "enter" pero no sin una vocal combinada. Aquí la aparición de la vocal doble es ineficaz ya que ambos términos son palabras de raíz. Como tal, "gastr" obtiene la vocal de combinación, "o" para mejorar la pronunciación. Por lo tanto, se forma "gastro", lo que le otorga el estado de una forma combinada.

Ahora "Gastro" se agrega a "enter" para quedar como "gastroenter".Y esto marca la formación de una palabra compuesta.

3. Entender los Prefijos y Sufijos:

El prefijo se agrega al comienzo de una palabra, mientras que el sufijo viene como una adición final a una palabra. El primero se utiliza principalmente para describir la condición y ubicación propias de la palabra raíz particular, modificando así el significado de las palabras raíz. Sin embargo, los prefijos no son una parte obligatoria de los términos médicos, porque a menudo una forma combinada asume su lugar o no hay necesidad de ellos.

Como se ve en el ejemplo de gastroenteritis, no hay ningún prefijo en la palabra. La forma descompuesta muestra una palabra raíz y una forma de combinación. Gastr/o, la forma combinada, juega el papel del prefijo aquí.

El sufijo, por otro lado, transmite el trastorno o condición que afecta a la palabra raíz. Debe considerarse primero porque es responsable de interpretar el término médico.

El sufijo en la palabra gastroenteritis es "-itis".Dado que comienza con una vocal en sí, no se necesita una combinación de vocales para pegarla a la palabra compuesta, "gastroenter".Entonces, simplemente se agrega para formar gastroenteritis.

Gastr/o + -enter- + -itis = Gastroenteritis (combinación de forma + palabra raíz + sufijo = terminología médica)

Reglas para Emparejar Los Tres Factores en la Construcción de Terminologías Médicas

1. La palabra "pre" significa antes. Por lo tanto, el prefijo siempre debe preceder a las palabras de la raíz.

2. Los sufijos son las últimas adiciones a una palabra raíz. Por esto, deben agregarse al final de la palabra.

3. En la aparición de una palabra compuesta, ambas palabras raíz solo pueden vincularse mediante una vocal combinada. Esto se aplica incluso si la segunda palabra raíz tiene una vocal como su letra inicial.

4. El sufijo es importante en la interpretación de términos médicos. Por lo tanto, es recomendable leer desde el sufijo hacia atrás.

5. En el caso del término médico que contiene un prefijo, sufijo y palabra raíz, interprete los factores constituyentes en el orden de sufijo, prefijo y palabra raíz.

6. En el caso de palabras compuestas, el posicionamiento basado en la estructura anatómica determina qué palabra raíz aparece primero.

7. En el caso de los sufijos que comienzan con las vocales, elimine las vocales combinadas para evitar el error de las vocales dobles.

8. Una terminología médica no se puede componer de una palabra compuesta sola o puede tener una forma de combinación para un sufijo. Un sufijo siempre será la parte final de cualquier palabra si fuera necesario, y la presencia de una vocal combinada estará determinada por la letra inicial del sufijo.

CAPÍTULO 4:
PREFIJOS Y SUFIJOS FÁCILES DE RECORDAR

En los discursos anteriores, se han mencionado innumerables prefijos y sufijos, y cómo ayudan a modificar el significado de las palabras de la raíz. Sin embargo, no se dieron a conocer estos prefijos y sufijos. En este sentido, antes de comenzar a nombrar prefijos y sufijos comunes utilizados en la formación de terminologías médicas, ambos términos se tratarán en detalle.

Prefijos

Como el nombre correctamente connota cuando está desglosado, "pre-" significa antes, que es el determinante clave para la colocación de los prefijos en la construcción de palabras. En este sentido, los prefijos se pueden ver como elementos (generalmente letras solitarias o dobles) o palabras adheridas a una raíz de palabra. Toma su lugar en una palabra precediendo a la palabra raíz.

Los prefijos se utilizan para modificar el significado transmitido por la palabra raíz sin perder su significado. Por eso, en todas las demás palabras en que aparece un prefijo, conserva su significado original como en cualquier otra palabra.

Debido a su ubicación al comienzo de un término médico, los prefijos transmiten un número, grado, estado, tiempo o ubicación en relación con el significado de la palabra raíz principal del término. Por lo tanto, actúa reduciendo el significado otorgado por el término médico a un área específica del cuerpo. En esencia, el prefijo es responsable de hacer que la palabra raíz sea específica en su significado e interpretación. En este sentido, es deducible que los prefijos describan con bastante frecuencia las condiciones anatómicas.

Para reforzar mejor este punto, se considera una instancia en la palabra pericarditis. Cuando se desglosa, existen tres partes resultantes, a saber, el prefijo (peri-), la palabra raíz (-cardi-) y el sufijo (-itis). El prefijo (peri) significa "alrededor" o "circundante", la palabra raíz (-cardi-) representa un órgano anatómico, el corazón y el sufijo (-itis) significarían una inflamación de.

De acuerdo con las reglas de identificación de las terminologías médicas, la palabra raíz eliminaría una vocal al vincularse con un sufijo que comience con una vocal para evitar vocales dobles. Además, el sufijo se lee primero cuando se forma el término médico. Al combinar la raíz y el sufijo se obtiene una "carditis" que se traduciría literalmente como una inflamación del corazón. Este significado podría referirse a cualquier parte del corazón sin el prefijo (peri). Podría significar los músculos, aberturas, y otros del corazón.

Sin embargo, al colocar (peri-), el significado se vuelve más directo. Ahora se forma la pericarditis, que ahora se traduciría como una inflamación alrededor del corazón. Esto demuestra que el punto de inflamación no es el corazón en sí, sino la membrana que lo rodea, el pericardio o el saco del corazón.

Además, la posición de los prefijos en términos médicos no es permanente ni obligatoria. En este sentido, los prefijos son condicionales en la formación de terminologías médicas y no siempre preceden a una palabra raíz. Además, los prefijos tienen la cualidad de adoptar la letra "o" cuando se vinculan a las palabras de la raíz que comienzan con consonantes. Esta vocal, sin embargo, no hace que el prefijo sea una forma combinada, sino que se usa para mejorar el sonido general de la palabra durante la pronunciación.

Reglas para Combinar Prefijos.

1. Al construir terminologías médicas que tienen palabras de raíz, los prefijos no adquieren la combinación de vocales.

2. Un prefijo solo requeriría la vocal "o" en un caso donde termina con una letra consonante, y la letra inicial de la palabra raíz también es una consonante. Pero esto es únicamente con el propósito de mejorar la pronunciación.

Un ejemplo de esto se ve en la palabra, anococcígeo. El prefijo en la palabra es "an-" y la palabra raíz es "-coccig-". El primero termina con una consonante y el segundo comienza con una consonante, lo que requiere la adición de una "o".'

Sin embargo, existen casos de terminologías médicas que desafían esta regla. Uno de estos casos es el término médico, aducción, donde el prefijo "ad-" está adherido a la palabra raíz "duc" sin la vocal "o".

En conclusión, la colocación de una "o" entre un prefijo y una palabra raíz no depende completamente del prefijo, sino de la suavidad del sonido durante la pronunciación.

1. Los prefijos no requieren la vocal "o" cuando se combina con una palabra raíz que tiene una vocal como su letra inicial.

2. Durante la formación de términos médicos, los prefijos se deben emparejar con los sufijos de la misma raíz. Es decir, los prefijos griegos van con los sufijos griegos. Lo mismo se aplica a los prefijos y sufijos del latín.

3. Algunas palabras raíz y formas combinadas pueden asumir los roles de los prefijos. Es decir, los prefijos a veces pueden ser reemplazados por palabras raíz o formas combinadas en la formación de terminologías médicas.

Al haber tratado completamente el término, los prefijos y sus correspondientes reglas de combinación, ahora se pueden considerar numerosos ejemplos de prefijos cotidianos. Los prefijos de terminologías médicas son inclusivos pero no están limitados a lo siguiente:

A- significa menos, sin o no (en relación con la disponibilidad. Ej. afantasia) (Griego)

Ab- significa apartado, lejos de o desde (especialmente relacionado con la dirección). Ej. Abducción) (Latín)

Ad- que significa hacia, cerca, en, adyacente (-ing), adición (referente a la dirección. Ej. Aducción) (Latín)

Alb- que significa blanco (como en apariencia. Ej. Albinismo) (Latín)

Colpo- que significa pliegue, hueco o hendido. (especialmente en relación con la vagina. Por ejemplo, la colporrafía) (Griego)

Dextro- significa derecho; en o hacia (perteneciente a la dirección) (Griego)

Dia- significa completamente, a través o en todo (Griego)

Entero- significa dentro de o intestinos o tripas. (Griego) (forma combinada)

Hetero- significa diferente u otro (perteneciente a la diversidad) (Griego)

Homo- que significa lo mismo (perteneciente a la semejanza) (Griego)

Hiper- significa alto, por encima, más allá, más arriba (relacionado con el exceso. Ej. Hipertensión)

Hipo- significado por debajo, debajo, deficiente, debajo (perteneciente a condiciones menos que normales. Ej. Hipoacidez)

Iatr- significa medicina o relacionado con el médico (como en iatrogénico) (Griego)

Querato- que significa cuerno o córnea (perteneciente a la córnea o tejido)

Leuco- que significa blanco o incoloro (perteneciente al color. Ej. Leucocitos) (Griego) (Forma Combinada)

Levo- que significa izquierda; en o hacia (perteneciente a la dirección) (Latín)

Lito- significa piedra

Macro- significado largo o grande (perteneciente al tamaño. Por ejemplo, macronutriente (Griego)

Mega- significa gigante, grande o enorme (relacionado con el tamaño). Por ejemplo, megacefalia) (Griego)

Melan- que significa negro (perteneciente a una apariencia oscura. Por ejemplo, melanina) (Griego)

Micro- significa muy pequeño (especialmente en tamaño. Por ejemplo, microbacterium) (Griego)

Neo - significando nuevo, contemporáneo, reciente (perteneciente al tiempo de ocurrencia. Por ejemplo, la neovejiga) (Griego)

Oligo - significa pocos (perteneciente a escasez. Por ejemplo, oligocelular) (Griego)

Onico: significa las uñas (perteneciente a las uñas de los dedos de las manos y los pies) (Forma Combinada)

Osteo- significa hueso (como en osteoblasto) (Griego) (forma combinada)

Oto- significa la oreja o con respecto a la oreja (como en otoconia) (Griego) (forma combinada)

Pato- significa enfermedad o padecimiento (relacionado con la causa de la enfermedad. Ej. Patógeno) (Griego) (Forma Combinada) (Forma de Sufijo - patía)

Plebo- significa la vena (s) (perteneciente a una región de desbordamiento) (Griego)

Neumo- significa aire, viento, gas o los pulmones (particularmente en relación con la respiración. Como en neumonía) (Griego) (Forma Combinada)

Poli- significa muchos (como en números. Por ejemplo, polialelico) (Griego) (forma en Latín - multi)

Pro- significa delante de, antes, antes de, precediendo, sustituyendo. (como se relaciona con la colocación de ciertas palabras para formar una nueva. Ej. Proaterogénico) (Griego) (Latín)

Cuasi- significa similar a, en apariencia, virtualmente, parcialmente, algo así como, en cierto grado, etc. (perteneciente a la naturaleza. Por ejemplo, quasispecies)

Cuadri- que significa cuatro o perteneciente a un cuadrado (perteneciente a la forma. Ej. Cuadricelular) (Latín)

Cual- que significa calidad o características

Cuant- de significado cuantitativo, cuánto, volumen (correspondiente a la cuenta de disponibilidad. Por ejemplo, cuantal)

Cuart- significa cuatro, cuarto, un cuarto (Latín)

Quint- significa cinco o una quinta (Latín)

Cuota- significa alocación, cuántos, asignación (perteneciente a la distribución)

Super-significa sobre, arriba, inclusivo, más allá, superior a (como en superacidulado) (Latín)

Supra- significa sobre, arriba, mayor que, superior, tope de (relativo al posicionamiento. Por ejemplo, supracoroidea)

Sim- significa con o juntos (como en simbionogénesis) (Griego)

Sin- significa con, idéntico o juntos (como en sinestesia) (Griego)

Toc- significa parto o trabajo de parto (relacionado con el proceso de parto. Por ejemplo, tocolítico (Griego) (Formas Combinadas: toco-, toko-, et al.)

Trans-: significa a través de, fuera de, más allá, a través, sobre, etc. (relacionados con el movimiento, la ubicación y la naturaleza. Por ejemplo, transabdominal)

Xifi- significa en forma de espada (perteneciente a la forma y apariencia. Ej. Xifiesternon) (Forma combinada - xifo-)

Xilo- significa madera (como en la xilocaína) (Griego)

Xys: significa raspar o limar (como en xysma)

Zon- Significa faja o cinturón (generalmente relacionado con la cintura. Como en zonular)

Sufijos

Los sufijos forman la última parte de cualquier término médico en el que estén involucrados. Podría decirse que son la parte más importante de un término médico, ya que son en gran parte responsables de interpretar la condición de la palabra raíz (generalmente una parte del cuerpo anatómica o fisiológica).

En este sentido, los sufijos pueden verse como adjetivos por naturaleza, ya que modifican el significado de las palabras de raíz a las que están vinculados. Como tales, los sufijos pueden definirse como elementos o partes de palabras fijadas al final de un término médico para indicar una condición, un procedimiento, una anomalía, una enfermedad, etc., en relación con la palabra raíz conjunta.

Los sufijos, como los prefijos, se pueden hacer sin la formación de terminologías médicas. Como tales, no son una parte fija u obligatoria de la acumulación de terminologías médicas. Sin embargo, los sufijos tienen su independencia para poder conservar su significado en diversas terminologías médicas sin ser modificados.

Un ejemplo de este caso se ve en las palabras conjuntivitis y pericarditis. Un desglose de ambas palabras revela diferentes palabras de raíz (conjuntiv- y cardi) y un prefijo (peri), pero un sufijo común (-itis).

El sufijo (-itis) aquí connota una "inflamación de". Cuando se interpreta con ambas palabras, conjuntivitis significaría una inflamación de la conjuntiva, mientras que la pericarditis significaría una inflamación alrededor del corazón. El sufijo conserva su significado aquí, aunque existe una clara distinción en el desglose, las condiciones y las palabras fundamentales de ambas palabras.

Además, los sufijos exhiben una naturaleza indefinida y pueden aparecer más de una vez en un solo término médico. Cuando esto ocurre, ambos sufijos tienden a fusionarse como un solo sufijo. En este caso, es muy probable que ambos sufijos tengan una similitud, si no una sinonimia, en el significado. Esto daría como resultado un vínculo perfecto y complementario sin fricción en la estructura y la pronunciación.

Una instancia de una palabra que tiene sufijos dobles se considera con el propósito de reforzar este argumento. El término médico biológico cuando se descompone da un prefijo (bio-), una palabra raíz (-logic-) y dos sufijos (-ic) y (-o). Ambos sufijos (-ic y -o) comparten una similitud de significado, por lo tanto, sus significados no se contradicen sino se comparten. La fusión de ellos ahora daría lugar a un sufijo único (-ico) que aún conserva el significado de sus sufijos de de formación individuales.

Emparejar las tres partes de la palabra biológica daría el significado: perteneciente a la biología. Cuando se yuxtaponen con una palabra que tiene solo uno de los dos sufijos (-ic solamente), biológico, los significados resultan ser exactamente lo mismo.

Otra característica de los sufijos es su capacidad para conectarse con prefijos y formar términos médicos completos en sonido y estructura. Esta cualidad de sufijo existe en la palabra diarrea. Cuando se descompone, la diarrea produce dos partes componentes; el prefijo (dia-) y el sufijo (-rrea).

Además, el término médico resultante a veces puede ganar el estado de una palabra raíz, pero esto está determinado por la forma en que se utiliza.

Esto se ve en la palabra diarreica. Un desglose muestra (diarre-) como la palabra raíz, y (-ica) como el sufijo. El primero proviene de la palabra diarrea, que es una combinación de un prefijo y un sufijo, mientras que el segundo es solo un sufijo. Sin embargo, al formar la palabra diarreica, la primera asume la forma de una palabra raíz, mientras que la segunda desempeña el papel de modificar su significado que se interpreta como: perteneciente a la diarrea.

También es común que los sufijos causen alteraciones en la ortografía de las palabras raíz o los prefijos adyacentes. Esta alteración podría ser en la forma de combinar vocales, o incluso letras de consonantes. Sin embargo, estas vocales y letras de consonantes combinadas tienen poco o ningún efecto sobre el significado general de la palabra y solo se usan para mejorar la pronunciación.

Un ejemplo de una palabra que tiene una vocal combinada antes de su sufijo es la palabra aponeurótico. Desglosar la palabra revela dos partes; la palabra raíz (aponeur-) y el sufijo (-tico). Pero en estas formas, ambas partes de la palabra formarían "aponeurtico", que es un dolor en los ojos, ya que dificultaría la pronunciación. Y, como regla, los sufijos que comienzan con consonantes se deben emparejar con una vocal combinada en caso de que la palabra raíz contigua termine con una consonante.

Es por esta razón que la vocal combinada (o) se agrega a la palabra raíz (aponeur-) para convertirla en una forma combinada (aponeuro-). Esto ahora hace que vincular ambas partes de la palabra sea más fácil y más fácil de pronunciar

Un caso de una letra de consonante que se agrega antes de un sufijo se encuentra en la palabra tonsilitis. Al desglosarse, la amigdalina da como resultado la palabra raíz (tonsil) y el sufijo (-itis). Es importante tener en cuenta que la palabra raíz aquí tiene una forma combinada de tonsil/o. Pero para evitar las vocales dobles, se usa la palabra raíz. Cuando se emparejan ambas partes de la palabra, la letra de la consonante (l) se agrega a la palabra raíz (tonsil-) para formar (tonsill-) que luego se combina con el sufijo (-itis).

Esta característica no es común entre los muchos términos médicos diferentes que existen.

Algunos ejemplos comunes de sufijos utilizados en terminologías médicas son:

-aje significa relacionado con (como en triaje)

-centesis significa aspiración quirúrgica o punción (como en la pericardiocentesis)

-cida significa asesino de (como en pesticida)

-ciso significa cortar o quitar (como circunciso)

-clasis significa atar o refracturar (como en la diaclasis)

-desis significa unión o estabilización (como en la artrodesis)

-ectomía que significa escisión, corte o extirpación de (como en la vasectomía)

-iatra significa curación (perteneciente a un médico) (como en psiquiatría)

-ion significa acción, proceso o estado (como en dentición)

-lisis significa aflojar, desintegración, ausencia de, desglose (como en la osteólisis)

-osis significa proceso, condición o formación (como en la osteosis)

-ostomía significa formación de una boca o una abertura.

-pexia que significa fijación en lugares, cierre o suspensión.

-plastia significa formación o reparación con plástico (como en la rinoplastia)

-esclerosis significa endurecimiento (como en la arteriosclerosis)

-copia significa visualización o examen (como en microscopia)

-espasmo significa una contracción involuntaria; como un tirón.

CAPÍTULO 5:
CÓMO PRONUNCIAR TÉRMINOS MÉDICOS

Aprender terminologías médicas y lo que significan no es fácil y pronunciarlas tampoco es fácil. Todas las personas en el campo de la medicina, como enfermeras, médicos, ayudantes u otros aspectos, deben saber cómo pronunciar correctamente las palabras médicas, para evitar errores que puedan llevar a la muerte.

Cuando la pronunciación se hace mal, podría llevar al estudiante de medicina a confundirse, cometer errores e incluso malentenderse. Existen numerosos enfoques que se pueden utilizar para aprender esas palabras avanzadas. Algunas de las formas en que uno puede usar para aprender el significado de los términos médicos es su pronunciación. Pronto los términos médicos estarán saliendo de tu lengua fácilmente.

1. Las Clases

Un nuevo estudiante de medicina puede comenzar inscribiéndose en una clase de términos médicos. Es recomendable que uno elija un curso de aula en lugar de uno en línea. Un estudiante de medicina puede encontrar estas clases en colegios comunitarios por un pequeño costo.

Trata de ser un asistente regular de esta clase. El tutor sabrá cómo pronunciar correctamente los términos médicos, así como su significado. Incluso a uno le enseñarán la forma correcta de usar las palabras.

Intenta practicar con las palabras regularmente. No temas cometer errores. Roma no fue construida en un día. Pronunciar y pronunciar de nuevo. Cuando se cometen errores, pide ayuda. No matará a la persona.

2. Consigue un Software de Terminología Médica:

Es importante que el estudiante de medicina adquiera un software de terminología médica. Puede ser para un teléfono o computadora. Estas aplicaciones son excelentes para aquellos que desean aprender cómo hacer pronunciaciones adecuadas de términos médicos. Algunas de estas aplicaciones siguen adelante para dar clases particulares sobre raíces médicas, sufijos, terminología y prefijos. Algunos de estos programas se pueden encontrar en línea o en una biblioteca. Hay algunas bibliotecas que se sabe que los dan como un préstamo. Intenta usarlos regularmente y pronunciar palabras. Será imposible recordar la pronunciación de inmediato, pero hacerlo con regularidad te permitirá aprenderlas bien.

Diariamente, hágase la prueba intentando que se pronuncien los términos médicos. Cuando una persona lee una palabra en la página, trata de decirla. El estudiante de medicina debe comenzar a escucharse a sí mismo a medida que se pronuncia. Como uno practica, uno pronunciará fácilmente esas palabras difíciles.

3. Recomendación

Un estudiante de medicina puede tener una enfermera o personal médico que le ayude a pronunciar esos términos con precisión. No todo el personal médico puede saber la pronunciación correcta. Busca a los indicados. Trata de ofrecerte como voluntario y haz algún trabajo para ellos, como una forma de agradecerles la ayuda.

Esto permitirá que una persona aprenda los términos médicos fácilmente.

No intentes hacer uso de los términos que no puedas pronunciar, a menos que indiques que ya sabes lo que significa pero que no puedes pronunciarlos fácilmente. Reduce tu confianza.

Es una realidad que muchas de las palabras que se encuentran en el mundo de la medicina no pueden fácilmente salir de nuestras bocas. Imagina que un estudiante de medicina quiere mencionar el olécranon, puede que no sea fácil. Los dejará pronunciando las palabras con dificultad, y esto puede ser embarazoso. A nadie le gusta sentirse avergonzado. Lo molesto es que las personas, especialmente aquellos gerentes encargados de contratar, sentirían que lo pronuncian mal, que no saben sobre el tema y lo que implica.

Cuando un estudiante de medicina aprende a pronunciar un término médico, su nivel de credibilidad se dispara.

Un tutor muy bien informado puede ayudar a un estudiante de medicina a entender cómo pronunciar correctamente un término. Hay otra opción, y puede ser un CD alternativo que puede ayudarlo a uno a pronunciar. Con estos discos, uno puede pronunciar correctamente esos términos médicos porque la pronunciación se realiza durante el período de ocio.

Hay algunos CD interactivos que primero dividen los términos en sílabas, antes de que las partes se pronuncien fonéticamente. Luego terminan juntando las sílabas para formar una palabra. Estas son excelentes herramientas de aprendizaje.

Un estudiante de medicina puede obtener diversos recursos de fisiología y anatomía para aquellos que facturan a los estudiantes. Muchos de ellos vienen con CDs interactivos.

4. Gray's Anatomy para Estudiantes:

Este libro fue diseñado para actuar como un gran material de referencia médica. El libro va a la vanguardia mostrando esas ilustraciones que son excelentes para aquellos que desean entender fácilmente la anatomía del aula de clases. Este es un libro, pero al comprarlo, el estudiante de medicina tiene acceso a la versión en línea del libro, que normalmente posee los ejercicios interactivos. Es ideal para aquellos que están en los inicios del aprendizaje de anatomía y no quieren estar estresados.

5. Anatomy and Physiology Versión Revelada 2.0 CD:

Este es un CD interactivo que fue creado por la Universidad de Toledo. Hace uso de imágenes de cadáveres para comprender cómo se desprende el cuerpo en varias capas para mostrar las capas subyacentes. Viene con cuestionarios y pronunciaciones de audio.

6. Atlas of Human Anatomy (Atlas de Anatomía Humana)

Este libro fue escrito por Frank H. Netter, MD, con el objetivo de ofrecer a los usuarios acceso tanto al vocabulario médico como a la anatomía. Viene con acceso a un número de pin en línea que le permite acceder a los recursos de aprendizaje.

En conclusión, entender qué significan los términos médicos, su ortografía y su pronunciación son importantes, especialmente en el campo de la medicina. Dirígete a una oficina para una entrevista, y los reclutadores te hacen una pregunta que implica que pronuncies un término médico. Si se pronuncia mal, el reclutador asumirá que el experto médico no sabe lo que está diciendo. En lo que sea que haga un estudiante de medicina, es importante conocer el significado de los términos, la ortografía y la pronunciación de los términos utilizados en ese campo. Sin ellos, uno puede parecer ignorante.

CAPÍTULO 6:
EPÓNIMOS Y HOMÓNIMOS DE TERMINOLOGÍAS MÉDICAS.

Epónimos de Terminologías Médicas

Un epónimo se refiere a una cosa, descubrimiento o lugar que lleva el nombre de una persona.

Podría ser el nombre de una enfermedad, órgano, metodología o trabajo corporal el cual se haya obtenido del nombre de un hombre y, en general, de un médico o investigador que inicialmente encontró o reconoció una condición o planeó la protesta con el nombre. Los modelos incorporan trompa de Falopio, enfermedad de Parkinson y método de Billings.

En el campo terapéutico, los epónimos en general consiste en el respeto de un presunto médico o investigador por asumir un trabajo notable en la distinción de la enfermedad, o maravillas. En las condiciones correctas, una enfermedad resulta notable a través del nombre del investigador o médico. No existen normas sobre la mejora de los epónimos. Puede requerir un tiempo de inversión sin precedentes, ser distintivo en varios dialectos y sociedades, y avanzar a medida que se encuentre más información sobre este doctor / investigador o enfermedad. A lo largo de estas líneas, se puede decir que un epónimo es el nombre de una enfermedad, estructura, actividad o sistema, que se obtiene del nombre del médico o investigador que inicialmente lo encontró o lo describió.

Existen numerosos epónimos en el campo de la medicina para identificar ligamentos, parálisis, contracturas, llagas, reflejos, signos físicos de ciertas dolencias, aneurismas y muchos otros. Los especialistas dicen que hay cerca de mil epónimos. Estos epónimos pueden expresarse de varias maneras. Existen como epónimos de un solo nombre y diferentes epónimos individuales o en estructuras posesivas y no posesivas. En el momento en que hay diferentes nombres para el epónimo, generalmente es fascinante analizar cómo se recibió la solicitud.

ENFERMEDADES EPÓNIMAS

Una enfermedad epónima alude a cualquier tipo de enfermedad o infección que lleva el nombre de una persona. Precedentes de enfermedades epónimas incorporan:

1. Infección de Crohn:

La infección de Crohn es una enfermedad inflamatoria relacionada con el estómago. En el año 1932, tres médicos de Nueva York llamados Burrill Bernard Crohn, Leon Ginzburg y Gordon Oppenheimer distribuyeron un artículo que mostraba otro tipo de agravación intestinal. El nombre de Crohn fue grabado primero en orden alfabético. La enfermedad incendiaria fue nombrada después de Crohn.

2. Salmonelosis:

Resulta que la salmonelosis es un peligro frecuente en el pollo a medio cocinar y lleva el nombre de Daniel Elmer Salmon. Era un patólogo veterinario que administraba un microorganismo del USDA que investigaba el programa a fines del siglo XIX. Salmon realmente no encontró el tipo de bacteria que actualmente lleva su nombre: el aclamado especialista en transmisión de enfermedades Theobald Smith aisló los microorganismos en 1885. Ejecutó el programa de exámenes en el que se produjo la divulgación. En cualquier caso, Smith y sus compañeros nombraron a los organismos microscópicos como salmonela en reconocimiento a Daniel, quien resultó ser su supervisor.

3. La Dolencia de Parkinson:

James Parkinson obtuvo el nombre de la enfermedad de Parkinson. Mientras que el farmacéutico inglés tenía un gran negocio terapéutico, él también se adentró en la topografía, la ciencia de los fósiles y los problemas legislativos. Parkinson al mismo tiempo incluso distribuyó una investigación lógica de tres volúmenes de fósiles. Después de una incursión de fines del siglo dieciocho en los asuntos legislativos británicos donde presionó varias causas sociales y terminó atrapado en un supuesto complot para matar al rey Jorge III, Parkinson enfocó su consideración completamente en las drogas. Dirigió ciertas exploraciones sobre la gota y la peritonitis, sin embargo, fue su hito en la investigación de 1817 "Un ensayo sobre la parálisis sacudida" lo que unió su nombre a la enfermedad de Parkinson.

4. Enfermedad de Alzheimer

El neuropatólogo alemán Alois Alzheimer, en 1901, comenzó a observar a un paciente extraño en un refugio en Frankfurt. La Sra. Auguste Deter, una persona mayor de 51 años, no tenía memoria fugaz y actuó inusualmente. Cuando la Sra. Deter falleció en 1906, Alzheimer comenzó a desmembrar la mente del paciente, y dio a conocer sus descubrimientos en noviembre de ese año en lo que fue el principal retrato formal de la demencia presenil.

5. Infección de Huntington:

George Huntington no es nuestro mejor retrato de un analista productivo, pero aprovechó al máximo sus papeles.

En 1872, una escuela limpia y sin drogas de Huntington distribuyó uno de los dos principales trabajos de investigación que escribiría en su vida. En el documento, Huntington describió los impactos del problema neurodegenerativo que actualmente lleva su nombre después de ver a una familia en la que todos experimentaron la condición hereditaria.

6. Trastorno de Tourette:

Tourette, un especialista del sistema nervioso francés, inicialmente retrató la dolencia que actualmente lleva su nombre en 1884. Sin embargo, él no la nombró en su honor. Más bien aludió a la condición como "maladie des tics". El asesor de Tourette y el contemporáneo Jean-Martin Charcot cambiaron el nombre de la enfermedad en honor a Tourette.

Sin embargo, Tourette no era un hombre tan afortunado cuando se trataba de sus pacientes. En 1893, una paciente confundida le disparó al especialista en la cabeza. La dama aseguraba que había perdido su buen sentido después de que Tourette la hipnotizó. Tourette, aún así, sobrevivió al ataque.

7. Linfoma de Hodgkin:

Thomas Hodgkin, un patólogo británico, retrató inicialmente el crecimiento maligno que actualmente lleva su nombre mientras trabajaba en el Hospital Guy en Londres en 1832. A raíz de la distribución del examen "Sobre algunas apariencias mórbidas de las glándulas absorbentes y el bazo" ese año, la condición no llevaba su nombre hasta que Samuel Wilks, un médico afín, examinó el trabajo de Hodgkin.

8. *Trastorno de Asperger:*

El pediatra austriaco Hans Asperger retrató previamente el trastorno que actualmente lleva su nombre en 1944. Vio una reunión de niños que experimentaron lo que más tarde interpretaría como "psicopatía mentalmente desequilibrada". (Llamó a sus pacientes "Pequeños Profesores"). El examen de Asperger se compuso completamente en alemán, por lo que su exploración y compromiso con la escritura no aumentaron el reconocimiento general hasta más tarde. La expresión "trastorno de Asperger" no se utilizó mucho hasta 1981. Hoy en día se llama un problema de rango de desequilibrio químico.

9. *Trastorno de Turner:*

Este problema cromosómico recibió su nombre del especialista de Oklahoma, Henry Turner. Henry Turner fue el primero en representar efectivamente la condición en 1938.

10. Enfermedad de Addison:

Thomas Addison, quien resultó ser un asociado de Bright y Hodgkin en el Hospital de Guy, retrató por primera vez el problema suprarrenal que actualmente llamamos infección de Addison en 1855.

INSTRUMENTOS MÉDICOS EPÓNIMOS

Los instrumentos médicos epónimos son equipos médicos que llevan el nombre del médico o científico que contribuyó a su descubrimiento o invención.

Ejemplos de equipos médicos epónimos incluyen:

1. Fórceps de Adson (Alfred Washington Adson): Fórceps de tejido

2. Pinza de Allis (Oscar Huntington Allis): rodillera de tejido blando

3. Fórceps de Arruga (Hermenegildo Arruga): Fórceps de oftalmología utilizados para la evacuación intracapsular de cataratas.

4. Fórceps septales de Asch (Morris Joseph Asch): Fórceps de otorrinolaringología utilizados para disminuir el tabique nasal digresado.

5. Espéculo de Auvard (Pierre-Victor-Adolphe Auvard): Espéculo vaginal de ginecología

6. Luer taper, Luer lock (Hermann Wülfing Lue): Ajuste para garantizar una conexión sin fugas en los sistemas de administración de fluidos médicos

TRATAMIENTOS MÉDICOS EPÓNIMOS

El tratamiento médico homónimo son métodos de tratamiento que llevan el nombre del médico que los creó.

1. El tratamiento de Carrel-Dakin recibió el nombre de Alexis Carrel y Henry Drysdale Dakin por su invención del riego de heridas con el antiséptico llamado solución de Dakin. Esto fue, por un tiempo, muy útil en el campo de la cirugía general, aunque ya no está en uso.

2. Un tratamiento popular que lleva el nombre de su inventor es la maniobra de Heimlich. Se le atribuye a Henry Heimlich el desarrollo de este procedimiento, y sus beneficios para salvar vidas le han dado bastante aceptación y popularidad en los tiempos modernos. Se usa cuando hay una obstrucción en el tracto aéreo de un individuo causada por un cuerpo extraño.

3. Otro tratamiento homónimo es la maniobra de Epley, que lleva el nombre de John Epley

Homónimos Médicos (Homógrafos y Homófonos)

Un homónimo puede ser un homógrafo o un homófono.

Homógrafos: son palabras escritas de la misma manera pero tienen diferentes significados.

Homófonos: son palabras que se pronuncian de la misma manera pero tienen diferentes significados.

Homónimos son dos palabras que se escriben igual y suenan igual pero tienen significados diferentes. "Homónimo" se origina a partir del prefijo "homo-", que significa el equivalente, y el postfijo "-nimo", que implica nombre. Posteriormente, un homónimo es una palabra que tiene un nombre indistinguible de otra palabra, lo que implica que las dos palabras a las que se refiere se ven y suenan por igual. Por ejemplo:

Palabra (homónimo)	Significado
Cólico	Un ácido relacionado con la bilis.
Cólico	Dolor abdominal severo
Húmero	Un hueso largo en la parte superior del brazo.
Humorístico	Gracioso
Íleon	Una porción del colon
Ilion	Una parte del hueso pélvico.

Joya	Una piedra preciosa
Joule	Una unidad de energia
Piojos	Un parasite
Lyse	Romper
Lazo	Un anillo oval o circular, por flexión.
Lupa	Lupa o lente
Mnemónico	Para ayudar a recorder
Neumónico	Perteneciente a los pulmones (la "p" es silenciosa)
Moco	Secreción de las membranas mucosas.
Mucoso	Forma adjetiva de moco (referente a moco)
Plano	Nivel anatómico (imaginario)
Plano	No imaginario (radiografías simples)
Plural	Más de uno
Pleural	Perteneciente al pulmón.
Psicosis	Trastorno mental
Sicosis	Inflamación de los folículos pilosos.
Radical	Extrema o drástica
Radícula	La rama más pequeña de un barco.
Venus	Un planeta
Venoso	Perteneciente a una vena

CAPÍTULO 7:
PLURALIZANDO TERMINOLOGÍAS MÉDICAS

Es interesante cuando tienes una palabra singular y la usas diariamente con facilidad en función de su simplicidad. Pero, ¿qué pasa cuando hay dos de estas palabras? Ahí es donde entra en escena la pluralización de las palabras. El idioma Inglés dice que simplemente al agregar una -s a una palabra singular, el plural simplemente estará a la vista. Por ejemplo, niño-niño(s), taza-taza(s), niña-niña(s), etc. Bastante simple. Sin embargo, cuando un sustantivo termina en -s, -sh, -ch, podrían considerarse excepciones justas a esta regla. Algunos otros son sustantivos cuya última palabra es la letra -o. La pluralización de estas palabras se logra cuando se agrega un -as a la palabra principal. Hay algunas reglas adicionales que guían la pluralización de estos términos y palabras en inglés. Mientras tanto, nos centraremos en las terminologías médicas y no en las palabras en inglés.

Las palabras que conforman la estructura de la medicina se conocen como las terminologías del campo médico. Puedes preguntarte por qué estas palabras no siguen las reglas generales de pluralización adoptadas por el idioma inglés. Esto se debe a que son palabras griegas y, como tales, están exentas de ellas. Si bien, hay algunas que se ajustan a las reglas de pluralización del idioma inglés, no siempre es así.

Sigue las sugerencias y los ejemplos a continuación como guía para ayudarte a comprender cómo reemplazar los términos médicos singulares con su correspondiente plural.

Regla de Terminología Médica para Palabras Que Terminan en -a.

La primera regla que debe dominar es la regla "a es ae". Esta es una regla simple que solo requiere que agregue "e" a la palabra médica singular que termina con "a" mientras que la "a" mantiene su lugar.

Ejemplos de estas palabras y sus formas plurales son:

Axilla   Un espacio en forma de pirámide que forma la parte inferior del hombro. Forma singular – Axillae.

Pleura   Una membrana suave alrededor del pulmón. Forma singular - Pleurae

Conjunctiva   Una membrana clara (especialmente de mucosa) que recubre el párpado interno y la esclerótica externa (globo ocular). Forma singular - Conjunctivae

Vertebra   cualquiera de los huesos de los que se compone la columna vertebral. Forma singular - Vertebrae

Scapula   Un par constituyente de huesos grandes triangulares y de estructura plana que conforman la zona dorsal del hombro. Forma singular - Scapulae

Petechia Estas manchas púrpuras se pueden ver en la piel cuando hay una hemorragia. Forma singular - Petechiae

Por lo tanto, siempre que encuentre palabras que terminen con "a", sé bastante inteligente como para agregar la siguiente "e" disponible para formar su plural.

Regla de Terminología Médica para Palabras que Terminan en -ax.

Cuando la forma singular de un término médico termina con un -ax, el -x en esa palabra debe reemplazarse por -ces.

En pocas palabras, la regla de pluralización 2 = "ax" - "x" + "ces." (El resultado será "aces")

Thorax La parte superior del tronco que contiene la caja torácica, los pulmones y algunos de los órganos abdominales. Forma plural - Thoraces

Pneumothorax Se refiere al aire que, cuando es expulsado, se colapsa. Forma plural - Pneumothoraces

Regla de Terminología Médica para Palabras que Terminan en -ex.

Cuando un término singular termina con -ex, pluralizas dicho término eliminando el -ex y agregando el sufijo -ices.

Vortex   Esto es causado al girar un fluido. La forma plural - Vortices.

Cortex   se refiere a la capa protectora externa alrededor de un órgano. La forma plural - Cortices

Apex   El punto más alto de cualquier cima. La forma plural - Apices

Regla de Terminología Médica para Palabras que Terminan en -is.

Cuando la forma singular de la palabra termina con -is, la "i" tendrá que cambiarse a "e" para pluralizar la palabra. En pocas palabras: -is cambiará a -es.

Metastasis   Esto ocurre cuando una célula cancerosa cambia su ubicación en el cuerpo del paciente. Esto puede ser debido al tratamiento. La forma plural – Metastases

Diagnosis   Esta es la identificación del verdadero problema detrás de la enfermedad de un paciente. La forma plural - Diagnoses.

Anastomosis   Esto se refiere a una conexión establecida entre cualquiera de los dos vasos. La forma plural - Anastomoses

Prosthesis   Este es cualquier dispositivo hecho por el hombre que se usa para reemplazar cualquier parte faltante del cuerpo. Se utiliza principalmente para referirse a las extremidades artificiales. La forma plural - Prostheses

Regla de Terminología Médica para Palabras que Terminan en -ix.

Para pluralizar un término médico que termina con -ix, debe reemplazar el -x en esa palabra con -ces.

Cervix Esta es una parte importante de la cual consiste una vagina. La forma plural - Cervices

Appendix Esto generalmente se conoce como una parte vestigial o accesoria del cuerpo. Se extiende desde el ciego. Forma plural – Appendices

Regla de Terminología Médica para Palabras que Terminan en -ma.

A veces, una palabra en medicina puede terminar con -ma. Para pluralizarlo, simplemente agrega -ta a la palabra sin quitar nada de ella.

Sarcoma Una neoplasia virulenta en tejido animal. Forma plural - Sarcomata

Fibroma Neoplasia inofensiva en el tejido. Forma plural - Fibromata

Regla de Terminología Médica para Palabras que Terminan con -on.

Si encuentra un término médico singular que termina con -on, pluralízalo reemplazándolo con -a.

Ganglion Tiene forma de nudo y está hecho de tejido. La forma plural - Ganglia

Spermatozoon Una célula reproductiva encontrada en machos maduros. La forma plural- Spermatozoa.

Regla de Terminología Médica para Palabras que Terminan con -us.

Algunos términos médicos pueden terminar con -us. Pluralizar entonces es tan fácil como reemplazar los -us con -i.

Thrombus Esta es una palabra más profesional para el coágulo de sangre habitual. La forma plural - Thrombi

Bronchus Un pasaje que permite la entrada, o no, de aire a los pulmones. La forma plural - Bronchi.

Alveolus Se refiere a grupos de sacos de aire en los pulmones. La forma plural - Alveoli

Embolus Este es un caso en el que un coágulo de sangre se mueve alrededor del torrente sanguíneo hasta que se detiene en un vaso. La forma plural - Emboli

Regla de Terminología Médica para Palabras que Terminan con -um.

La forma singular de un término médico puede terminar con -um. Reemplázalo con -a para hacerlo plural.

Bacterium Un microorganismo unicelular que a veces puede ser dañino. La forma plural - Bacteria.

Ovum Un huevo que se encuentra en el sistema reproductivo de las hembras y puede ser fertilizado por el esperma masculino. La forma plural – Ova

Regla de Terminología Médica para Palabras que Terminan con -y.

Si encuentras un término médico, a medida que aprendes a estar más familiarizado en el campo de la medicina, que termine en -y, reemplázalo con -ies para pluralizarlo con éxito.

Therapy   Un tratamiento prescrito para cualquier dolencia física o mental. La forma plural - Therapies.

Biopsy Esto puede verse como lo contrario de una autopsia. Es cuando se elimina cualquier parte de un ser vivo para un examen más detallado. La forma plural - Biopsies.

Reglas de Terminología Médica para Palabras que Terminan con -x.

Todo lo que tienes que hacer para pluralizar una palabra que termina con -x es reemplazar esa -x con -ges.

Larynx Este es uno de los órganos del cuerpo responsables del habla. La forma plural - Laringes

Falange Estos son los huesos que forman los dedos de los pies y las manos. La forma plural - Falanges

Uno de los conceptos de tener éxito y no aparecer como un novato en el campo médico son los conceptos básicos de aprender y dominar los términos médicos para construir un vocabulario médico fuerte y saludable.

Excepciones a las Reglas Básicas de Pluralizar Terminologías Médicas

El concepto de pluralizar los términos médicos correctamente es, sin duda, uno de los mayores desafíos para aprender terminologías médicas. Este problema se deriva de la razón por la cual los plurales exhiben cambios en la estructura morfológica y fonética, lo que a veces es una inhibición incluso para el personal médico practicante. Esto explica por qué los transcriptores son buscados para identificar y traducir correctamente los plurales correctos de estos términos médicos. Pero como todos los problemas, hay una manera de superar esta inhibición porque existen algunos principios básicos que siguen la pluralización. Una vez que se estudies y domines estas reglas, podrás formar los plurales adecuados para la mayoría de los términos médicos que encontrarás en cualquier momento. Pero tal vez haya un divertido saboteo al aprender estos plurales. La mala noticia es que para cada regla hay una excepción que no se limita solo al campo médico.

Esto significaría una necesidad de memorizar o investigar estas diferentes excepciones. Una vez que se logra eso, solo se necesita la práctica regular para familiarizarse con diversos plurales comunes en el vocabulario cotidiano. Esto ayudará en gran medida a que un estudiante de medicina tenga una buena base en el conocimiento de los términos médicos.

Hay 10 Excepciones Comunes a las reglas básicas de pluralización de terminologías médicas:

1. En casos comunes de pluralización, las palabras que terminan con '-is' eliminan la última sílaba y asumen un sufijo totalmente diferente como '-ides'. Un ejemplo de este caso existe en la palabra 'epididymis' pluralizada como 'epididymides'.

2. Las palabras que terminan con el sufijo '-us' a menudo pueden asumir otros sufijos como '-ora', '-era', etc., dependiendo de cuál se adapte mejor a su estructura. Un ejemplo de esto está en las palabras 'viscus' y 'corpus' pluralizadas como 'viscera' y 'corpora' respectivamente.

3. Otros términos que tienen los sufijos '-ax' e 'ix' pueden poseer múltiples formas de pluralización que mejor se adapten a sus estructuras morfológicas. Un ejemplo de esto se encuentra en la palabra 'appendix', que puede ser pluralizada en 'appendixes' y 'appendices'. Ambos son correctos y se utilizan como se prefiera.

4. La pluralización de las palabras que terminan en el sufijo '-ion' une la letra a la palabra principal. Un ejemplo está en la palabra 'chorion' pluralizada como 'chorions'.

5. Al pluralizar la palabra 'vas', se forma 'vasa'.

6. 'Pontes' se forma como la versión pluralizada de la palabra 'pons'.

7. Al pluralizar sufijos con múltiples significados, pueden existir diversas formas de las palabras pluralizadas basadas en el significado. Por ejemplo, el término 'os' cuando se interpreta como 'boca' se pluralizaría como 'ora'; y 'ossa' cuando significa 'huesos'.

8. 'Femora' se traduce como la versión pluralizada del hueso, 'fémur'.

9. El término 'cornu' se pluraliza mediante la adición de la vocal 'a' para dar 'cornua'.

10. El término 'paries' arroja su última letra durante la pluralización para formar 'parietes' con la adición de '-tes'.

A continuación se muestra un esquema que sirve como guía básica para la pluralización de términos médicos. Sin embargo, estas reglas no son las mismas en todos los términos médicos debido a las excepciones en la estructura y el origen.

Si el:

Final Singular Es: Ejemplo Singular: La Regla Plural es: Forma Plural:

is diagnosis Quita el is y agrega es diagnoses

um ileum Quita el um y agrega a ilea

us alveolus Quita el us y agrega i alveoli.

a vertebra Quita la a y agrega ae vertebrae

ix appendix ix Quita el ix y agrega ices appendices

ex cortex Quita el ex y agrega ices cortices

ax thorax Quita la x y agrega ces thoraces

ma sarcoma Quita la ma y agrega ta sarcomata

on spermatozoon Quita el on y agrega a spermatozoa

nx larynx Quita el x y agrega ges laringes

y deformity Quita la y para agregar ies deformities.

yx calyx Quita el yx y agrega yces calyces.

en foramen Quita el en y agrega ina foramina

¿Por qué las formas plurales son a veces difíciles?

Un destacado autor de publicaciones médicas dijo esto sobre los plurales latinos:

Genitivo (designación de un caso que indica la posesión o la fuente) Formas/Derivaciones: por qué los plurales y los posesivos a veces son tan difíciles.

¿No es bastante desconcertante por qué la forma genitiva latina de la frase 'cyanosis retinae' se usa en cambio cuando se usa el plural anglicanizado de la retina? Retinas' es mucho más preferido a la forma latina, 'retinae'?

Las palabras latinas se han "naturalizado" en el idioma inglés. Las palabras pluralizadas en latín como 'curriculum, focus, lacuna' se usan popularmente sin pluralizarlas, usando reglas de pluralización en forma latina: 'curricula, foci, lacunae'. En esta categoría se encuentran los sustantivos latinos cuyas formas singular y plural terminan en "-es". Palabras como facies, pubis, series y especies son solo algunas de ellas que se ajustan a esta categoría. En contraste con la declaración anterior, algunas palabras en latín se pueden pluralizar con la adición de una "s", como se puede ver en palabras como áreas, arenas, auras, lúmenes, omens, especímenes. También hay aquellos para los que "-es" es el factor de pluralización. Esto se puede ver en palabras como "bonuses, calluses, lenses".

La razón principal por la que las palabras en latín a menudo están pluralizadas por las reglas en inglés se debe a que la pluralización es un proceso mucho más complejo en latín que en inglés. En una instancia dada, los términos (sustantivos en lugar de verbos en este caso) que terminan con el sufijo '-us' comparten las mismas formas singular y plural. Esto se ve en palabras como ductus, foetus, hiatus, arvus, ictus, decubitus, et al.

La razón de esto es que una pluralización de estos términos con cambios en los sufijos puede resultar algo confusa. Explicado mejor con ejemplos, las palabras plexus y meatus se pueden pluralizar mediante la adición del sufijo '-es'. Sin embargo, los meatuses y plexuses pueden parecer raros de pronunciar, son más razonables los incorrectos meati y plexi.

Algunos términos solo se pueden pluralizar intercambiando las posiciones de algunas vocales y consonantes. A veces se agrega una letra de consonante o vocal para mejorar su estructura. Los ejemplos de tales palabras incluyen: cortex pluralizado como cortices, femur pluralizado como femora, appendix pluralizado como appendices, entre otros. Un malentendido de este proceso de pluralización podría resultar en un desastre estructural de las palabras singulares. Sin embargo, existe una forma de evitar esta inhibición en el idioma inglés. Este proceso gira alrededor de transcribir la palabra con una adición del sufijo '-e' pronunciado como 'eez'. Una instancia de esto se ve en la palabra 'process' transcrita como [process-eez].

En términos latinos (generalmente los sustantivos) que tienen la letra 's' como su última letra, los errores son bastante comunes en sus pluralizaciones. En otros casos, se asumen como plurales y, por lo tanto, se usan incorrectamente en lugar de la singularidad que deben representar. Ejemplos de tales términos son: cuadriceps, bíceps y fórceps. La pluralización de estas palabras a menudo se deriva de su uso. En otros casos de características singulares, como los términos que terminan con la vocal 'a'; estas palabras también se consideran para compartir cualidades plurales. Como tales, se utilizan tanto en singular como en plural. Ejemplos de estas palabras son lacuna, stria, etc.

En este sentido, algunos términos latinos utilizados exclusivamente en sus formas pluralizadas se usan a menudo como términos singulares. Esto es bastante incorrecto. Estos términos están mejor emparejados con verbos singulares, o tienen sus terminaciones ajustadas para representar mejor su naturaleza plural. Ejemplos de esta calidad existen en las siguientes palabras: data (datum), adnexa (adnexae), entre otros. La aceptación de estas muchas formas plurales diferentes como singular se deriva de un uso incorrecto en el tiempo que se ha adaptado como gramática generalizada.

Una palabra que se ha tratado así es diverticula pluralizados como diverticuli y diverticulae.

La diversidad de conocimientos entre las obras y los artículos recientemente referenciados (y las fuentes de referencia que se interponen regularmente entre sí) ha surgido casi definitivamente de diversas evaluaciones de los sistemas de consumo entre los profesionales de la salud.

Esta diversidad puede atribuirse a una medida de falta de certeza que rodea la etimología de estos términos. Se da un ejemplo de la palabra 'hyphemia' que significa que una condición de deficiencia de sangre se enredó con un adjetivo de raíz griega, 'hyphaimos' que significa una condición si se le aplica sangre. Dado que ambos términos son propios de la condición, hemorragia, especialmente en relación con las partes internas del ojo donde la sangre es coagulada por la acción de la gravedad para alinear el ojo justo debajo de la pupila; a estos términos se les ha dado otra identidad horas extras. La nueva identidad que connota un trozo de sangre en una posición mucho más baja contrasta bastante con sus significados reales iniciales. Además, el prefijo 'hypo' también de las raíces griegas tiene una amplia gama de significados que no son completamente sinónimos entre sí. Estos significados son: deficiente, menos (como en cantidad), más bajo (como en posición) y debajo.

Esto constituye el motivo por el cual un término médico, incluso uno de uso común, a veces es problemático en casos de pluralización.

CAPÍTULO 8:
LA ESTRUCTURA Y ORGANIZACIÓN DEL CUERPO HUMANO

El organismo humano tiene varios niveles de organización. Es importante conocer su arquitectura básica; es decir, cómo sus diferentes partes se ensamblan en estructuras más grandes, antes de estudiar las diversas estructuras y funciones del cuerpo humano. Es esencial considerar la estructura del cuerpo en cuanto a las dimensiones clave de asociación que se organiza por su naturaleza multifacética en expansión: partículas subatómicas, iotas, átomos, orgánulos, células, tejidos, órganos, estructuras de órganos, seres vivos y biósfera, y así sucesivamente.

Se habla regularmente de esta asociación con respecto a seis dimensiones distintas de la expansión de la imprevisibilidad, desde los cuadrados de construcción compuestos más diminutos hasta una forma de vida humana única.

NIVEL QUÍMICO

Este nivel, (el nivel químico) de la organización es el nivel más básico. Contiene los conceptos de formación que hacen que la vida sea concebible, que son las iotas. Las partículas se unen para formar átomos que participan en algunos elementos fundamentales de la vida. Las partículas se unen para dar forma a los orgánulos celulares y los orgánulos enmarcan la principal unidad de vida básica y útil.

Las iotas están compuestas por partículas subatómicas como protones, electrones y neutrones. Los protones que son partículas decididamente cargadas tienen un peso aproximado de 1 Dalton. Los neutrones, que no transmiten ninguna carga, tienen un peso más o menos equivalente al protón. Los electrones tienen cargas negativas, y son en gran medida ligeros en peso, con un peso de alrededor de 1/1836 de un Dalton. Dado que los protones y neutrones contribuyen con el peso real de una iota, en ese punto, la masa nuclear equivale a la totalidad de protones y neutrones. Las formas de vida están excepcionalmente ordenadas y organizadas, persiguen un orden jerárquico que se puede inspeccionar en una escala desde pequeña a expansiva.

Una iota se caracteriza por ser la unidad de emisión más pequeña y básica. Una iota se compone esencialmente de un núcleo abarcado por electrones. Ellos enmarcan las partículas. Las partículas son estructuras compuestas que comprenden no menos de dos moléculas unidas por al menos un enlace de sustancia. Las macromoléculas son átomos que son naturalmente críticos. Son partículas extensas que normalmente se forman por polimerización (un polímero es un átomo más grande enmarcado por una mezcla de unidades más pequeñas llamadas monómeros, que son menos difíciles que las macromoléculas). Un caso de una macromolécula es desoxirribonucleico corrosivo (ADN). Los ADN contienen las instrucciones para la estructura y el funcionamiento de cada ser vivo.

Los componentes de la sustancia son las partes materiales más esenciales y cruciales del cuerpo humano. El establecimiento del código hereditario con las pautas sobre la mejor manera de fabricar y mantener el cuerpo humano desde su origen hasta la antigüedad son sustancias sintéticas llamadas bases de nucleótidos. El ADN humano contiene alrededor de tres mil millones de estos conjuntos de bases.

Los átomos naturales (basados en carbono) y los bioquímicos (los creados por el cuerpo) conforman la ciencia humana. Los componentes están además incorporados a la ciencia humana. A decir verdad, sería incomprensible que la vida exista sin estos componentes. Se suman a las respuestas de sustancias, al cambio de vitalidad y al movimiento eléctrico y la compresión muscular en el cuerpo. Pueden enmarcar las mezclas de sustancias inorgánicas y naturales importantes para continuar la vida, algunas de las cuales incorporan agua, glucosa y proteínas.

NIVEL CELULAR

Las células son las partes más básicas del sistema humano. A medida que un ser humano se acerca gradualmente a la edad adulta, las células aumentarán rápidamente hasta que aproximadamente 100 millones de ellas se hayan formado en ese individuo. Las células están en todos los seres vivos. Forman las unidades básicas de estructura y función del cuerpo humano. Cada célula lleva a cabo funciones básicas de la vida que le permiten al cuerpo sobrevivir y prosperar. La mayoría de las células humanas tienen formas y funciones especializadas. Cada célula en el cuerpo juega un papel específico. Por ejemplo, las células nerviosas poseen proyecciones largas que les ayudan a transmitir mensajes eléctricos a otras células. Las células musculares crean mitocondrias que proporcionan la energía necesaria para mover el cuerpo.

Varios tipos de células en el cuerpo humano están especializadas para funciones específicas. Por ejemplo:

Las Células Madre:

Estas son células únicas del cuerpo. No están especializadas o no están diferenciados y pueden formar prácticamente cualquier célula particular para órganos particulares o para formar tejidos. Los microorganismos inmaduros pueden aislar e imitar varias ocasiones con el objetivo final de renovar y reparar el tejido en el cuerpo. Investigadores en el campo de una célula indiferenciada están intentando explotar esta propiedad de recarga de microorganismos inmaduros usándolos para producir células para la reparación de tejidos, trasplantes de órganos y para el tratamiento de diferentes infecciones.

Células Óseas:

Los huesos son una especie de tejido conectivo mineralizado y dan forma a un segmento notable del marco esquelético. Las células óseas dan forma al hueso y están hechas de un marco de minerales de colágeno y fosfato de calcio. Hay tres tipos esenciales de células óseas en el cuerpo. Los osteoclastos son células enormes cuyo trabajo importante es la descomposición del hueso para la reabsorción y absorción. Los osteoblastos son responsables del manejo de la mineralización ósea y crean osteoides (una sustancia natural del armazón óseo), que se mineraliza para dar forma al hueso. Los osteoblastos se desarrollan para enmarcar los osteocitos. Los osteocitos ayudan en la disposición de los huesos al apoyo del equilibrio de calcio.

Plaquetas

Las células de la sangre son cruciales para la vida, desde el transporte de oxígeno por todo el cuerpo hasta la lucha contra la contaminación. Los tres tipos notables de células en la sangre son las plaquetas rojas, las plaquetas blancas y las plaquetas. Las plaquetas rojas deciden la clasificación de la sangre y también están a cargo del transporte de oxígeno a las células. Las plaquetas blancas son células estructurales resistentes que aplastan patógenos y dan falta de sensibilidad. Las plaquetas ayudan a acumular la sangre y evitar la desgracia extrema de la sangre debido a las venas rotas o dañadas. Las plaquetas son creadas por la médula ósea.

Células Musculares:

Las células musculares dan forma al tejido muscular, que es vital para el desarrollo. El tejido muscular esquelético se conecta a los huesos y permite un desarrollo deliberado. Las células del músculo esquelético están aseguradas por el tejido conectivo, que asegura y refuerza los paquetes de fibra muscular. Las células musculares cardiovasculares dan forma al músculo cardiovascular automático que se encuentra en el corazón. Estas células ayudan en la compresión del corazón y están unidas entre sí por círculos intercalados, que consideran la sincronización del latido del corazón. El tejido muscular liso no está estriado como el músculo cardiovascular y el esquelético. El músculo liso es un músculo automático que recubre los orificios del cuerpo y estructura los divisores de numerosos órganos (riñones, tracto digestivo, venas, vías de aviación pulmonar, etc.).

Células de la Piel:

La piel está formada por una capa de tejido epitelial (epidermis) que se mantiene mediante una capa de tejido conectivo (dermis) y una capa subcutánea oculta. La capa más alejada de la piel está formada por células epiteliales escamosas y niveladas que se presionan firmemente entre sí. La piel protege de daños las estructuras internas del cuerpo, evita que se sequen, combate los gérmenes, almacena la grasa y aporta nutrientes y hormonas.

Células Nerviosas:

Las células nerviosas o neuronas son la unidad fundamental de un sistema sensorial. Los nervios están a cargo de enviar signos a la mente, a la médula espinal y a otros órganos del cuerpo por medio de las fuerzas impulsoras de los nervios. Una neurona se compone de dos partes utilitarias: cuerpo celular y formas nerviosas. El núcleo de la neurona, el citoplasma relacionado y los orgánulos están contenidos en el cuerpo celular focal. Las formas nerviosas son proyecciones "similares a dedos" (axones y dendritas) que se extienden desde el cuerpo teléfono de la neurona y transmiten señales.

Células Endoteliales:

Las células endoteliales dan forma al recubrimiento interno de las estructuras del marco cardiovascular y del marco linfático. Estas células forman la capa interna de las venas, los vasos linfáticos y los órganos, como la mente, los pulmones, la piel y el corazón. Estas células son responsables de la angiogénesis o la producción de vasos de reclutamiento frescos. Las células endoteliales también gestionan el desarrollo de macromoléculas, gases y líquidos entre la sangre y los tejidos abarcadores, y ayudan en la dirección del pulso.

Célula Sexual

Las células sexuales, también llamadas gametos, son células regenerativas creadas en gónadas masculinas y femeninas. Las células sexuales masculinas o los espermatozoides son móviles y tienen un flagelo (una larga estructura similar a una cola que ayuda a la motilidad). Las células del sexo femenino o los óvulos no son móviles y son mucho más grandes que la célula sexual masculina. Las células sexuales se unen para formar un nuevo individuo, un fenómeno conocido como fertilización. Los gametos se reproducen por meiosis, mientras que otras células del cuerpo se replican por mitosis.

Células Pancreáticas:

El páncreas tiene capacidades tanto exocrinas como endocrinas. Las células acinares exocrinas crean y descargan compuestos relacionados con el estómago que se transportan por medio de tubos al pequeño sistema digestivo. Sea como sea, un pequeño nivel de células pancreáticas tiene una capacidad endocrina y hormonas de descarga. Las células endocrinas pancreáticas existen en pequeños grupos llamados células de islotes (islotes de Langerhans). Las células pancreáticas crean hormonas, algunas de las cuales incorporan insulina, glucagón y gastrina. Estas células son esenciales para dirigir los niveles de concentración de glucosa en la sangre y también en el procesamiento de proteínas, azúcares y grasas.

Células de Crecimiento Malignas:

Los desarrollos destructivos son el resultado de una mejora irregular en las celdas típicas que les permiten particionarse de manera salvaje y extenderse a diferentes áreas. El avance de las células de crecimiento maligno puede deberse a cambios que ocurren a partir de variables, por ejemplo, sintéticos, radiación, luz brillante, errores de replicación de cromosomas o contaminación viral. Dichas células cancerosas se vuelven insensibles a las señales de anti-crecimiento, proliferan rápidamente y, en consecuencia, pierden la capacidad de sufrir apoptosis (una muerte celular programada).

NIVEL DE TEJIDO

Después del nivel celular, está el nivel del tejido.

Un tejido puede definirse como un grupo de células que trabajan juntas para realizar una tarea / trabajo particular en un organismo.

El tejido es el siguiente nivel de organización en el cuerpo humano después del nivel celular. Un tejido es un grupo de células conectadas que realizan una función similar. Hay cuatro tipos básicos de tejidos humanos, que incluyen: tejidos epiteliales, musculares, nerviosos y conectivos. Estos cuatro tipos de tejidos conforman todos los órganos del cuerpo humano.

Los cuatro tipos de tejidos del cuerpo humano;

Tejidos Conectivos:

El tejido conectivo está formado por células que forman la estructura del cuerpo. Ejemplos incluyen hueso y cartílago. El tejido conectivo, como su nombre indica, constituye una red conectiva dentro de nuestro cuerpo. Proporcionar apoyo y mantener juntas las partes de nuestro cuerpo son las funciones principales que realizan estos tejidos. Pero sin los tejidos conectivos, ciertamente no estaríamos en buena forma, ya que todas nuestras partes internas del cuerpo estarían libres y flotantes. El tejido conectivo llena los espacios dentro de nuestro cuerpo con una matriz hecha de fibras dentro de una sustancia líquida, sólida o gelatinosa. Una representación gráfica de esto sería una ensalada de gelatina con fruta suspendida adentro; esto daría una imagen clara de cómo se ve un tejido conectivo.

Tejido Epitelial:

Estas células no son lo mismo que las células musculares a las que acabamos de echarle un vistazo a lo mencionado anteriormente. Las células epiteliales pueden venir en diferentes estructuras; pueden ser niveladas, cúbicas o columnares. Se consolidan firmemente, haciendo una hoja solitaria o apiladas en hojas constantes. Como una manta firmemente cosida, el epitelio es una increíble cubierta defensiva para el cuerpo, como la piel. El tejido epitelial también se puede encontrar en algunas cavidades internas y órganos.

El tejido epitelial está formado por células que recubren las superficies internas y externas del cuerpo, como la piel y el revestimiento del tracto digestivo. El tejido epitelial protege el cuerpo y sus órganos internos, secreta sustancias como las hormonas y absorbe sustancias como los nutrientes.

Tejido Muscular:

Las células de los tejidos musculares tienen la capacidad única de contraerse o hacerse más cortas, dependiendo. Los músculos unidos a los huesos permiten que el cuerpo se mueva. El tejido muscular está formado por células excitables, largas y fibrosas. Estas células permiten la contracción o la activación de la tensión en nuestros músculos, lo que nos permite mover las partes de nuestro cuerpo. Están dispuestos en líneas paralelas y están agrupados, lo que hace que el tejido muscular sea muy fuerte. Para tener una idea de la naturaleza de los tejidos musculares, tome un montón de bandas de goma, alinéalas una junto a la otra e intenta estirarlas. Eso te dará una idea de cómo se ve el tejido muscular.

Tejido Nervioso:

Los tejidos nerviosos están ubicados dentro del sistema nervioso y consisten en células especializadas únicas. El sistema nervioso, como un circuito eléctrico, transmite señales de los nervios a la médula espinal y al cerebro. Las células conocidas como neuronas conducen estos impulsos, lo que nos permite utilizar nuestros sentidos. El tejido nervioso está formado por neuronas, o células nerviosas, que transmiten mensajes eléctricos. El tejido nervioso conforma el cerebro y los nervios que conectan el cerebro con todas las partes del cuerpo.

Después del nivel de tejido, el siguiente nivel es el nivel de Órgano.

NIVEL DE ORGÁNO

Un órgano es una colección de varios tejidos integrados en una unidad estructural distinta para realizar una función específica.

Los órganos son partes especializadas del cuerpo que consisten en tejidos. El hígado y los pulmones son algunos de estos órganos que sirven para propósitos particulares en el cuerpo. Para comprender mejor esto, piensa en cómo el corazón se especializa para bombear sangre a las diversas áreas que lo necesitan, las pieles protegen las partes internas de cuerpos extraños, los intestinos descomponen las partículas de alimentos en formas que pueden usarse para la nutrición y el cerebro recibe información de los sistemas nerviosos y la difunde.

Con la ayuda de un diagrama en profundidad, observarías cómo las paredes del intestino delgado están recubiertas con células epiteliales. Estas células también están especializadas para fines únicos. Mientras que algunas secretan enzimas digestivas, otras actúan para absorber los nutrientes de los alimentos digeridos. Alrededor de estos hay tejidos conectivos en los cuales se encuentran los vasos sanguíneos y varias glándulas. Los músculos del intestino se contraen en un movimiento suave para ayudar en el transporte de alimentos a través del estómago. Las neuronas mencionadas anteriormente se aseguran de que esto suceda a la perfección. Este es un ejemplo tan bueno como cualquier otro para mostrar cómo varios tejidos se juntan para formar un órgano completamente funcional.

El Cerebro:

El cerebro es el órgano principal del sistema nervioso, ubicado en el cráneo (cráneo).

Es el foco de control del sistema sensorial. Sus capacidades incorporan control muscular y coordinación, reunión tangible y reconciliación, creación de discursos, almacenamiento de memoria y elaboración de pensamientos y sentimientos.

El cerebro recibe, clasifica e interpreta la sensación de los nervios que se extienden desde el sistema nervioso central (cerebro y médula espinal) hasta el resto del cuerpo; inicia y coordina las señales nerviosas involucradas en actividades como el habla, el movimiento, el pensamiento y la emoción.

Los Pulmones:

Los pulmones son los dos órganos principales del marco respiratorio. Son estructuras moldeadas en forma de cono que llenan la mayor parte de la cavidad del tórax. Su capacidad es suministrar al cuerpo el oxígeno requerido para una digestión vigorosa y eliminar desechos de dióxido de carbono. Cada pulmón está encerrado en una película doble llamada pleura; las dos capas de la pleura emiten un líquido de engrase que permite que los pulmones se muevan abiertamente a medida que se extienden y se contraen cuando se relajan.

El Hígado:

Este es el órgano más grande del cuerpo. Se encuentra en el lado correcto de la cavidad del estómago debajo del estómago. Su capacidad fundamental es crear y procesar una amplia variedad de sustancias sintéticas. Las sustancias creadas incorporan proteínas críticas para el plasma sanguíneo, por ejemplo, claras de huevo. Además, el hígado libera colesterol y proteínas extraordinarias que hacen que la sangre lleve la grasa al cuerpo. Además, el hígado separa las grasas, crea urea, canaliza sustancias destructivas y mantiene una dimensión adecuada de la glucosa en la sangre.

Además, las células del hígado descargan la bilis, que expulsa los desechos del hígado y ayuda a la degradación y retención de las grasas en el pequeño sistema digestivo.

La Vejiga:

La vejiga es un órgano fuerte situado en la cavidad pélvica. El divisor de vejiga se compone de un músculo y un recubrimiento interno. Es un almacén para orina y se contrae para desechar pipí. Está ubicada y asegurada en la pelvis.

Los Riñones:

Los riñones son dos órganos en forma de frijoles situados en la parte posterior de la cavidad del estómago, a ambos lados de la sección espinal, que canalizan la sangre del orificio del estómago. Mantienen la ecualización de compuestos del cuerpo al eliminar los desechos y el exceso de líquido como orina. Cada riñón está abarcado por una cobertura fibrosa y está compuesto por una corteza externa y una médula interna.

El Corazón:

El corazón es un órgano sólido y vacío, dispuesto en el punto focal del tórax que pulsa para extraer la sangre a través de las venas mediante compresiones recortadas y cadenciosas. Una parte significativa del corazón comprende el miocardio, un tipo único de músculo. La superficie interna del corazón se fija con una película suave, llamada endocardio, y todo el corazón está encerrado en un paquete membranoso extremo, el pericardio.

El Estómago:

El estómago es una estructura fuerte, vacía, versátil, que se encuentra transversalmente en la cavidad estomacal debajo del estómago. Su capacidad fundamental es el procesamiento de nutrientes a través de la creación de jugos gástricos que separan, mezclan y revuelven el alimento para converirlo en un líquido delgado (quimo).

Los Órganos Digestivos:

Los órganos digestivos son la parte importante del tracto relacionado con el estómago, que se extiende desde la salida del estómago hasta el recto.

Están separados en dos segmentos notables: el tracto digestivo pequeño y el órgano interno. El pequeño sistema digestivo ingiere alimento y lo procesa. El órgano interno se encarga de la retención de agua y la descarga de material de desecho fuerte, que sale a través del recto.

Nivel de Sistemas de Órganos

Los sistemas de órganos se forman cuando los órganos funcionan juntos. Un sistema de órganos es un grupo de órganos que trabajan juntos para llevar a cabo una función general compleja, con cada órgano que forma parte del sistema que realiza una parte del trabajo más grande.

Trabajando en conjunto unos con otros, estos sistemas de órganos son responsables de mantener el estado bien regulado y estable. El cuerpo humano comprende aproximadamente 12 sistemas de órganos para una funcionalidad regular. A continuación se muestran los sistemas de órganos que conforman el cuerpo humano, con cada función establecida:

Cardiovascular (corazón): vasos sanguíneos; transporta oxígeno, hormonas y nutrientes a las células del cuerpo.

Ganglios linfáticos (linfáticos): vasos linfáticos: forma parte del sistema inmunológico, combate infecciones y enfermedades. Drena la linfa de los tejidos de todo el cuerpo al torrente sanguíneo. Todos los tejidos corporales están bañados en linfa.

Digestivo (Esófago): estómago; intestino delgado; intestino grueso. Como su nombre lo indica, ayuda en la digestión de los alimentos y en la absorción de nutrientes útiles.

Endocrino (órgano pituitario) : el centro nervioso; órganos suprarrenales; ovarios: testículos.

Integumentario (piel, cabello, uñas): brindan protección contra lesiones y pérdidas de agua. Son la primera y más visible defensa contra cuerpos extraños que pueden causar daño a los órganos internos. También ayudan a mantener la temperatura del cuerpo en el grado apropiado.

Muscular Cardíaco (corazón) músculo: músculo esquelético; músculo blando; los tendones intervienen en el movimiento y la producción de calor.

Nervioso (cerebro, médula espinal, nervios): recopilan, transfieren y procesan información.

Reproductivo (hembra): útero; vagina; trompas de Falopio; ovarios

Macho: pene; testículos vesículas seminales. Son responsables de la producción de gametos (células sexuales) y hormonas sexuales.

Respiratorio (tráquea, laringe, faringe, pulmones): transportan aire a los sitios donde se puede producir un intercambio de gases entre la sangre y las células (alrededor del cuerpo) o la sangre y el aire (pulmones).

Esquelético (huesos, cartílago, ligamentos): su función principal es apoyar y proteger los tejidos blandos del cuerpo; Produce células sanguíneas y almacena minerales.

Urinario (riñones, vejiga urinaria): el sistema urinario elimina el exceso de agua, sales y productos de desecho de la sangre y el cuerpo; controla el pH y también controla el balance de agua y sal.

Inmune (médula ósea; bazo; glóbulos blancos): son el mecanismo de defensa del cuerpo contra las enfermedades.

Nivel de Organismo

Es a este nivel que las estructuras vivas se hacen autosuficientes y pueden llevar a cabo las actividades de un organismo vivo de manera efectiva y sin ayuda. Básicamente, un organismo es aquel que puede realizar funciones como ingerir alimentos, absorber los nutrientes y distribuir los desechos. Algunos organismos completamente funcionales contienen una sola célula y se llaman unicelulares, mientras que otros están formados por múltiples células y se denominan multicelulares.

CAPÍTULO 9:
MEMORIZACIÓN DE TERMINOLOGÍAS MÉDICAS (CONSEJOS Y TRUCOS)

No hay categorías de personas, ya sea un estudiante, un profesional, un padre o un jubilado, que puedan vivir a su máximo potencial sin acumular nuevos conocimientos diariamente. Podría ser perfeccionar una habilidad o aprender una nueva, pero para mantenerse a la vanguardia en un mundo siempre progresivo, el aprendizaje es clave. Como sin duda sabrás, el aprendizaje puede no ser la tarea más fácil de llevar a cabo. Aunque esto varía según la tecnicidad del material que se estudia y la tasa de asimilación del aprendiz, en general se acepta que se debe hacer un esfuerzo para que el aprendizaje ocurra.

Aprender a veces puede involucrar la memorización de contenido para propósitos futuros. Este es probablemente el aspecto más importante del aprendizaje. Si uno no puede recordar lo que ha aprendido, entonces todo el propósito está completamente perdido. Esta también puede ser la parte más difícil de aprender. Nos encontramos primero con esto en la escuela, donde se nos da un montón de materiales académicos y se espera que memoricemos partes o todo el material para aprobar los exámenes. Esto no es más frecuente que en el campo de la medicina. Aprender prefijos, sufijos, etimologías y otros puede resultar una tarea desalentadora, de hecho, tanto para los estudiantes de medicina como para los profesionales.

Los términos médicos pueden ser difíciles y frustrantes de aprender, pero encontrar el truco que funcione para ti al memorizarlos hará que aprenderlos sea más fácil y divertido.

Mnemónico es el primer truco que discutiremos. Es una técnica establecida y aceptada que ayuda a una rápida comprensión, memorización y retención del conocimiento. Hace uso de la codificación y las imágenes como una forma de codificar cualquier información adquirida para una retención y recuperación efectivas. El uso de mnemónicos para aprender términos médicos es preferido por muchos debido a los diversos medios que emplea para facilitar el proceso de memorización.

Mnemotecnias de conexión

Mnemotecnia de modelo

Mnemotecnia de música

Mnemotecnia de palabras clave

Las **mnemotecnias de conexión** se relacionan con lo que ya se aprendió con la nueva información que se está aprendiendo. La **mnemotecnia de modelo** es un buen truco para los aprendices visuales porque tiene que ver con imágenes que incluyen tarjetas de memoria flash, diagramas e imágenes, por mencionar solo algunas. La **mnemotecnia de música** incorpora el arte de la música para que la memorización sea una tarea mucho más fácil de lo que suele ser. Un ejemplo de esto se puede encontrar en la popular canción de ABC para niños. Con el tiempo, ha demostrado ser eficaz para ayudar a las personas a retener información durante períodos muy largos.

La **mnemotecnia de palabras clave** según la investigación es un truco o método que mejora el aprendizaje y la recuperación de información útil del cerebro, especialmente en el área de aprendizaje de idiomas extranjeros. Dado que la mayoría de los términos médicos se derivan de palabras latinas y griegas, este método es muy útil para estudiantes de medicina y profesionales.

Además de lo mencionado anteriormente, hay otras formas en las que la mnemotecnia puede aplicarse para mejorar el aprendizaje y la memorización. Las mencionadas en este libro son las formas más comunes que pueden emplearse. Dicho esto, queda a la discreción del lector encontrar qué tipo de mnemotecnia se ajusta mejor a su personalidad y fuerza. No hay dos personas exactamente iguales y, como tal, no se pueden sugerir las mismas soluciones para todos.

A partir de la mnemotecnia, existen otras formas interesantes y menos estresantes de retener información relevante. Algunas de ellas se enumeran a continuación:

- Recreación con el fin de despejar la mente.

  Sus resultados han demostrado tener beneficios generales para nuestra salud en general. Nuestros cerebros no se quedan por fuera cuando se trata de cuánto se puede ganar con una buena actividad recreativa. El ejercicio puede mejorar el aprendizaje y la capacidad del cerebro para comprender una habilidad o concepto. Por lo tanto, si tienes dificultades para dominar o asimilar, o parece que no puedes memorizar esa palabra o significado, intenta ir a caminar o apúntate a una sesión rápida de gimnasio. Pudieras intentar hacer natación. Si te funciona y es recreativo, entonces vale la pena.

- Escríbelo.

  Otro método es llevar contigo, en todo momento, un anotador y un bolígrafo para registrar lo que debe recordarse una y otra vez. Es muy posible que sea problemático incluir un anotador y un bolígrafo, además de tus carga actual en la tienda de comestibles, en cualquier otro lugar al que te dirijas, y puede parecer un trabajo aburrido garabatear cosas similares una y otra vez. Por básico que parezca, sus beneficios en el proceso cognitivo son inmensos. La investigación ha demostrado que escribir las cosas que deseas recordar mejora la capacidad del cerebro para recordarlas, en lugar de intentar aprenderlas mediante la re-lectura. Del mismo modo, a partir de informes, se ha encontrado que existe una conexión firme entre la mano y el cerebro. Cuanto más registres algo, más probabilidades hay de que lo logres y más se asiente tu mente con las cosas que has estado anotando constantemente. Esto no puede, de ninguna manera, compararse a tomar notas con una computadora. La escritura a mano imprime el conocimiento en el cerebro mucho más eficazmente que escribir en computadora.

- Ajusta tu tiempo de estudio para la tarde.

    Está bien que te veas a ti mismo como una persona "mañanero" o "nocturno" cuando se trata de leer y memorizar. Sin embargo, la investigación en los últimos tiempos ha desenterrado el hecho de que ponerse a estudiar por la tarde puede producir resultados mucho mejores en su lugar. A la larga, es mucho más efectivo estudiar por la tarde. Algunos pueden argumentar que es más probable que ocurran distracciones durante esta hora del día, pero si puedes manejar y superar estas distracciones, encontrarás resultados más satisfactorios que cuando leíste por las mañanas y por la noche.

Observa la relación entre lo que sabes y lo que estás por aprender.

Según lo postulado por la Escuela de Medicina de Loma Linda, una estrategia extraordinaria para la retención y el recuerdo de la memoria es relacionar los datos nuevos con aquellas cosas en las que tienes algún conocimiento.

- Evita realizar múltiples tareas

Es una verdad innegable para todos que los tiempos han cambiado. En este mundo impulsado por la tecnología y enloquecido por Internet, para muchas personas es casi imposible separar el momento del teléfono de otros momentos, lo que debería centrarse en una tarea diferente. Los teléfonos son casi tan adictivos como algunas drogas duras e ilegales. En otras ocasiones, ser capaz de realizar más de una tarea a la vez puede ser realmente digno de elogio, pero cuando se trata de aprender y memorizar, es mejor dedicar la atención completa a ese objetivo singular. Cuando se toma en serio aprender cosas nuevas, es mejor mantener alejados sus dispositivos móviles y computadora, especialmente si no son necesarios cuando estás aprendiendo.

Una investigación en el Journal of Experimental Psychology: Human Perception and Performance (Percepción y Rendimiento Humanos), propone que realizar varias tareas socava nuestra competencia, especialmente para las nuevas asignaciones, ya que establece oportunidades adicionales para cambiar las habilidades mentales cada vez que una persona se mueve entre numerosas actividades.

- Muestra a otras personas lo que has aprendido o estás aprendiendo.

Compartir algo / todo lo que aprendiste recientemente o todavía está en el proceso de aprendizaje se destaca entre el enfoque más productivo para establecer adicionalmente los nuevos datos en tu cerebro de forma permanente, como lo indica la Universidad de Loma Linda. Esto no quiere decir que debas actuar como un sabelotodo y que se lo estés diciendo a todos. Pero, al enseñar a otros lo que has aprendido, es mucho más fácil recordar ese material a voluntad. La información está aún más arraigada en tu cerebro, lo que hace que sea más difícil de olvidar. Es también un ganar-ganar para todos esencialmente. Mientras ayudas a tu memoria con este método de repetición, también informas a las personas sobre cosas que no sabían o que hasta ahora no podían entender.

- Enséñate lo que acabas de aprender.

Mientras que enseñar a otros lo que aprendiste es muy importante, te interesará saber que cuando te enseñas a ti mismo con tus propios métodos y en tu propio idioma, mejoras en tu nueva habilidad. Eres tú quien entiende la capacidad de tu cerebro, la mejor manera de comunicarte contigo mismo y el lenguaje que tu cerebro puede asimilar más rápido. Si hay una manera en que puedes relacionar lo que acabas de aprender con tu lengua materna (suponiendo que el idioma español no lo sea), entonces esa es una manera muy creativa de asegurarte de que lo que acabas de aprender permanezca contigo por un tiempo. Mucho tiempo, si no para siempre.

- Haz que tus apuntes sean comprensibles.

Al tomar notas, quieres asegurarte de que no estás simplemente escribiendo por hacerlo. Escribir de forma legible te ayudará, de modo que cuando quieras consultar esas notas, puedas navegar fácilmente por ellas. Resalta los puntos clave utilizando un lápiz de color diferente para sacar las palabras clave. Además, querrás asegurarte de que cuando utilices un lápiz de diferente color para anotar las palabras clave, estén coordinados, es decir, por ejemplo, que estás utilizando un lápiz de color rosa para anotar las palabras clave en el sistema nervioso, querrás usar el color rosa para cada término relacionado con el sistema nervioso.

- Pronunciación.

Cuando sabes cómo pronunciar un término correctamente, se vuelve más fácil de aprender, entender y recordar. La capacidad de pronunciar un término médico correctamente es un paso adelante en el aprendizaje de la definición del término. Para no perder mucho tiempo memorizando un término médico, trata de prestar atención a su pronunciación.

- La ortografía siempre es importante.

Al aprender nuevos términos médicos, es extremadamente importante que sepas la ortografía precisa del término. Un error en una o dos letras puede, en última instancia, dar un significado completamente diferente, causando así una confusión que puede llevar a la frustración y la falta de voluntad para seguir aprendiendo.

- El método de la historia.

  Si tu tarea es memorizar palabras médicas como un grupo, digamos que quieres memorizar términos médicos relacionados con el cerebro, sistema nervioso, sistema digestivo, sistema esquelético, etc., es mejor que elijas todos los términos médicos que desees memorizar y úsalos en forma de historia (una historia corta será más efectiva), vinculando estos términos.

- Otro método será pintar imágenes creativas con las palabras que intentas memorizar. Con el tiempo, se ha demostrado que el cerebro retiene más rápido y por un período más largo, la información que pasa a través de fotos/imágenes creativas. Puedes memorizar los términos médicos fácilmente convirtiendo el término que deseas memorizar en una imagen y definición y luego vincularlas en una imagen más grande. Se considera una de las formas más efectivas de memorizar.

- Otra forma de memorizar términos médicos sería empleando el mecanismo del palacio mental. Si bien generalmente no se acepta como la mejor forma de memorizar términos médicos, todavía es, sin embargo, una gran manera en su propio sentido de retener información médica.

Por ejemplo, si lo que deseas memorizar es la definición de mácula, sería recomendable utilizar el método de imagen porque lo que se ve diariamente es en la forma del ojo humano, pero si lo que deseas recordar es una Lista de información, entonces el palacio mental será uno de los métodos más fáciles de emplear. Mucha gente pasa por alto el método del palacio mental porque creen que solo se usa para memorizar listas. Sí, es emocionante usar el palacio mental cuando se memoriza una lista, pero aún podrías emplear estos medios para otros materiales que no están en forma de una lista, dividiéndolos en puntos. Estas viñetas formarán la base para tu uso del método del palacio mental.

No dejes que la palabra "lista" te asuste. Puedes creer firmemente que el método de memorización del palacio mental no te sirve, ya que solo funciona para listas. Pero, antes de dejarlo de lado, recuerda que cualquier material escrito puede dividirse en viñetas. Por ejemplo, es posible que necesites crear un rincón en tu habitación con una lista de las causas de una enfermedad en particular y desde allí puedes usar el palacio mental para poner esta información en grupos y perspectivas.

- Conviértelo en un juego

    ¿Sabes por qué puedes recordar todas esas cosas de tus días de guardería y escuela primaria? Es en gran parte debido a los juegos de repaso que tus maestros crearon para esos temas y, funcionaron como magia. Cuando conviertes el estudio en una actividad divertida o en algo de lo que se obtiene placer, entonces el dominio no será un problema. Se ha descubierto que la competencia amistosa es una herramienta de trabajo maravilloso que ayuda al cerebro a almacenar la información más rápido y a recuperarla de manera rápida y a voluntad.

- Usa tus fortalezas

    Cada individuo tiene un área de fortaleza. Cuando se trata de memorizar en la lista de consejos de memorización a continuación, toma nota de tu fuerza y úsala bien. Memorizar será más que fácil para ti:

- **Visual:** Cuando se trata de formas visuales de memorización, tiene que ver con el sentido de la vista, por lo que debes asegurarte de leer detenidamente una y otra vez las palabras y relacionarlas con las imágenes de tu libro de texto, libro de trabajo o recursos en línea para estudiar.

- **Auditivo:** Para auditorio, utilizamos el sentido de la audición, por lo tanto, escucha atentamente durante las clases o incluso grábalas si es posible. Esto será de gran ayuda y luego tómate el tiempo para procesar lo que has aprendido en voz alta. ¡Puedes hacerlo solo o hacerlo más divertido con un compañero de clase o incluso con un amigo o familiar!

- **Kinestésica:** Siempre que puedas, pon en práctica lo que has aprendido y todavía estás aprendiendo. ¡Crea modelos, dibuja, actúa! Cuando esas no sean opciones para ese momento y lugar, escribe los términos. ¡Escribir cada término mientras lo piensas es una excelente manera de conservar lo que has aprendido!

Lo más probable es que requieras una combinación de estos diferentes métodos para experimentar algún éxito en lo que se refiere al aprendizaje y la memorización. Es muy probable que uses una combinación de ellos. Avanza entonces y aplica tantos hasta que encuentres el que funcione mejor para ti.

CAPÍTULO 10:
TERMINOLOGÍAS MÉDICAS Y SISTEMAS CORPORALES

Las terminologías médicas son específicas solo para el personal médico. Esto quiere decir que hay algunos términos, códigos y palabras en el campo de la medicina, que un profano no puede y no debería comprender. Estas palabras son utilizadas por los profesionales médicos para nombrar cosas, como partes del sistema del cuerpo, para facilitar su comprensión.

De una necesidad, cada palabra médica contiene generalmente todos o algunos de estos:

Raíz de palabra, forma combinada, sufijos, prefijos, todos los cuales forman el elemento palabra. Pero, ¿qué significan estos términos? Estas palabras deben entenderse a fondo individualmente para evitar confusiones. A continuación se incluye una breve y fácil explicación de las palabras que consisten en un término médico.

Prefijo: Como se indicó anteriormente, un prefijo es una combinación de dos palabras "pre" que significan antes y "fijo" que significa poner en su lugar. Es apropiado caracterizar un prefijo como una palabra puesta hacia el comienzo de otra palabra para ajustar o cambiar su significado. Un prefijo puede dar un encabezado o posición a una palabra raíz. Los prefijos también pueden mostrar un área, número o tiempo. A continuación hay ejemplos de algunos prefijos médicos comunes y sus significados.

PREFIJO	*SIGNIFICADO*
A	AUSENCIA
AD	HACIA
ANTE	ANTES
ECT/O	FUERA
PERI	ALREDEDOR
POST	DESPUÉS DE
TRANS	A TRAVÉS DE
SUPRA	ENCIMA

Palabra Raíz: Una raíz es el elemento fundamental de una palabra o término y es la subestructura sobre la cual se construye el significado de una palabra. Mientras tanto, muchas raíces son palabras reales en sus propios derechos y términos. Aunque no requieren que otros elementos estén completos, pueden tener junto con ellos el complemento de otros elementos. Las palabras clave provienen de muchos idiomas diferentes, de los cuales el latín y el griego son los principales, y se abren paso en la corriente de palabras en español. Existe, al menos, una palabra raíz para cada término médico conocido en uso. A continuación se enumeran varios ejemplos de la palabra raíz:

PALABRAS RAÍCES	*SIGNIFICADOS*
CROM	COLOR
ENTER	INTESTINO
OSTE	HUESO
FAG	COMER O TRAGAR
VAS/O	VASO

Sufijo: Es simplemente un componente de palabra agregado a la parte final de una palabra que modifica o cambia el significado o la función de la palabra. Aquí está una breve lista de palabras del sufijo:

SUFIJOS DE PALABRAS	*SIGNIFICADO*
Centesis	punción
Desis	fusión vinculante
Ectomía	extirpación quirúrgica
Grafía	de grabación de datos
Plastia	reparación plástica o cirugía plástica de reconstrucción
Uria	orina urinación

Poniendo todo esto en perspectiva para una mejor comprensión, sabemos que para cada término médico hay una palabra raíz segura y un prefijo o sufijo.

Podemos dividir la palabra dermatitis en dos partes: la raíz como derma que significa piel en el idioma español y el sufijo que significa inflamación, por lo que la palabra dermatitis significa inflamación de la piel

Otro ejemplo de terminología médica básica es la rinorrea: rino es una raíz griega que significa nariz y el sufijo rrea significa flujo o descarga, por lo que esta palabra combinada significa descarga de la nariz que también representa una secreción nasal.

Este último ejemplo consta de una palabra raíz, un prefijo y un sufijo: esta palabra es cardiomiopatía. El prefijo de esta palabra es cardi/o que significa corazón, la palabra raíz es mi/o que significa músculo, y el sufijo es patía que significa enfermedad. Así que la definición de la palabra cardiomiopatía es un músculo cardíaco enfermo.

Un muy buen consejo para descifrar palabras o términos médicos difíciles es poder diferenciar siempre las palabras de la raíz del sufijo y el prefijo y usar un diccionario o libro de texto médico actualizado.

Sistemas Corporales

Los sistemas corporales son grupos o combinaciones de órganos y tejidos que trabajan en conjunto para llevar a cabo trabajos específicos para el cuerpo. Una parte de los órganos podría ser una pieza de más de un marco corporal, si se desempeñan en más de una capacidad.

El sistema de todo el cuerpo es vital para el sustento de la vida humana. Los marcos comparables son requeridos por en inglés, que significa Movimiento, Respiración, Nutrición, Irritabilidad, Crecimiento, Excreción, Reproducción y Muerte. Estas funciones se destacan más detalladamente a continuación:

Debe tener la capacidad de tomar oxígeno para usar en la respiración celular y excretar el dióxido de carbono residual.

Debe ser capaz de ingerir y procesar alimentos para adquirir azúcares y diferentes suplementos.

Debe ser capaz de transportar sustancias fundamentales, por ejemplo, oxígeno y suplementos, a todas las células todas las criaturas para sustentar sus vidas, pero los elementos sutiles de cómo logran sus asignaciones pueden cambiar.

Hay algunas funciones que son esenciales para la vida de todos los animales. Esto se define generalmente por el acrónimo "MR NIGER D", por sus siglas.

Debe ser capaz de eliminar los desechos tóxicos del cuerpo.

Debe ser capaz de reaccionar a la estimulación ambiental.

Debe ser capaz de proteger los órganos del cuerpo de factores ambientales dañinos.

Para que cualquier especie continúe existiendo y no se elimine de la extinción, su tipo debe tener la capacidad de duplicarse mediante el nacimiento.

A continuación, veremos cómo nuestros órganos y tejidos funcionan en tándem como estructuras corporales para lograr estas tareas.

Lista de Sistemas del Cuerpo

Sistema respiratorio: Hace una plataforma adecuada para el intercambio de gas entre las células y el medio ambiente. Incluye tráquea y pulmones.

Sistema digestivo/Sistema excretor: Responsable de la ingestión y descomposición de los alimentos en nutrientes utilizables. También participa en el proceso de excreción de residuos sólidos. Comprende la boca, garganta, estómago y tracto digestivo.

Sistema cardiovascular/circulatorio: Transporta materiales entre diferentes estructuras corporales. Esto incluye oxígeno, nutrientes esenciales, hormonas y elementos de desecho. Consiste en el corazón, conductos y venas.

Sistema renal/Sistema urinario: Desecha los productos innecesarios del torrente sanguíneo y los elimina en forma de excreta. Incluye riñones y vejiga.

Sistema endocrino: Dispensa las señales químicas necesarias para que los diversos sistemas del cuerpo actúen de manera cooperativa según sea necesario. Incorpora dichos tejidos que crean hormonas del órgano pineal y de la pituitaria, que se encuentran en el cerebro. Incluyen la tiroides, la glándula suprarrenal, los ovarios, el páncreas y los testículos.

Sistema sensorial: Es el sistema a cargo de las actividades, el discernimiento, el sentimiento, el pensamiento y la reacción rápida a los estímulos ambientales. Está formado por el cerebro y los nervios.

Marco musculoesquelético: Permite la actividad o respuesta del cuerpo cuando se le ordena.

Sistema Integumentario/Sistema exocrino: Proporciona cobertura al marco de todo el cuerpo y controla su comunicación con el mundo exterior. Se compone de piel, cabello, uñas, sudor y diferentes órganos que descargan sustancias sobre la piel.

Sistema linfático/sistema inmunológico: A veces se les llama soldados, ya que se enfrentan a cuerpos extraños y dañinos que intentan dañar el sistema corporal. Son responsables de mantener fuera cualquier tipo de enfermedades.

Sistema regenerativo: Se encargan de mantener en marcha la creación de la posteridad. Incorpora ovarios, útero, órganos mamarios (senos), pene y testículos.

Elementos de los Sistemas del Cuerpo

1. Sistema Respiratorio

El oxígeno de la tierra es tomado por el marco respiratorio donde se transforma en una forma utilizable por las células.

Para nosotros como humanos, eso implica que nuestros pulmones toman oxígeno y lo difunden muy rápidamente en la sangre. Los pulmones logran esto al pasar mucha sangre a través de las membranas de intercambio. Todo el volumen de sangre del cuerpo recorre estas capas de membrana minuto a minuto.

Aparentemente, el sistema respiratorio es uno de los marcos más críticos del cuerpo, si no el más imprescindible, que conforman el cuerpo. Sin el oxígeno para alimentar la respiración celular, no tendrían ninguna posibilidad de supervivencia y comenzarían a morir en minutos.

Los ataques al corazón son fatales en este sentido; a pesar del hecho de que el corazón es una parte del marco circulatorio, no del marco respiratorio, su obligación es transmitir oxígeno accesible desde los pulmones a nuestras células. En el momento en que el marco circulatorio deja de funcionar, nuestros tejidos comienzan a morir debido a la poca cantidad de oxígeno que nutre.

Además, los pulmones eliminan el dióxido de carbono, un resultado residual de la respiración celular que podría, de alguna manera u otra, acumularse en dimensiones dañinas.

2. *Sistema Digestivo / Sistema Excretor*

El sistema digestivo es el responsable de la ingesta de alimentos y extrae los nutrientes útiles para la vida.

Cuando piensas en comida, es más que simplemente alimentar la barriga. Una de las razones más críticas para el sustento es servir como combustible celular. Las células, almidones, proteínas y grasas podrían ser utilizados por nuestras células como fuente de la vitalidad que tienen para mantener su forma y permanecer con vida.

El sistema digestivo también puede ayudar a producir otros suplementos críticos a partir del alimento, por ejemplo, aminoácidos fundamentales (aminoácidos que nuestros cuerpos no pueden producir por sí mismos), grasas y nutrientes y minerales que nuestras células necesitan para mantenerse eficientes y en un gran nivel. capacidad de trabajo.

En el momento en que el alimento entra en el cuerpo, primero se trabaja con la boca para separarlo en una papilla en la que pueden trabajar los ácidos del estómago.

Cuando llega al estómago, se trata con ácidos y enzimas únicas que descomponen los alimentos en componentes más utilizables.

Por último, pero de ninguna manera la menos importante, pasa por los órganos digestivos. A medida que se descompone en su paso a través de la enorme región de la superficie de los órganos digestivos, los tubos estrechos garantizan que se extraigan suficientes nutrientes útiles del alimento ingerido como se puede esperar razonablemente.

El hígado ayuda a proporcionar las sustancias que ayudan al estómago y a los órganos digestivos a separar las partículas de alimento y a separar las sustancias dañinas de la sangre.

Los nutrientes derivados se desviarán a las diferentes células accesibles en el cuerpo a través de la guía del sistema circulatorio, después de pasar por las entradas de la boca y el estómago.

Los sistemas digestivo y excretor también expulsan segmentos de desechos fuertes de nuestros alimentos que nuestro cuerpo no puede utilizar, como heces.

Algunas de las terminologías médicas comunes para el sistema digestivo incluyen:

Abdomen esto se conoce como vientre para un profano e incluye el órgano digestivo entre el pecho y la pelvis.

Aerofagia es el término médico para la ingesta excesiva de aire.

Entraña es otra palabra para el intestino.

El duodeno es la parte superior del intestino delgado.

La peristalsis es el movimiento ondulatorio que ayuda al transporte de alimentos a través del tracto digestivo.

Sistema cardiovascular / circulatorio

El sistema cardiovascular es un sistema altamente eficiente para mover sustancias alrededor del cuerpo. El volumen de sangre total en el cuerpo de un individuo tarda aproximadamente un minuto en recorrer todo el sistema corporal hasta los lugares donde se necesita. Esto hace que el sistema del cuerpo sea un método realmente rápido para diseminar oxígeno, suplementos, mensajes y expulsar desechos.

El corazón se asienta como la bomba focal del sistema circulatorio, enviando sangre a todo el cuerpo a alta velocidad. Para garantizar que obtengamos suficiente oxígeno, el corazón incluso extrae sangre a través de un circuito único para enviar rápidamente una gran cantidad de sangre a través de los pulmones.

Las arterias son tubos estrechos responsables del transporte de oxígeno alrededor del cuerpo. Lo hacen mediante la circulación de sangre oxigenada a través del cuerpo a altas presiones y, como consecuencia, altas velocidades. Las arterias no solo contienen la sangre; consisten en paredes de músculo liso que se contraen para permitir que la sangre continúe su flujo hacia adelante, incluso lejos del corazón. Esta es la razón por la cual las heridas en las arterias son tan riesgosas; si una está dañada, todo el volumen de sangre del cuerpo se puede agotar fatalmente en brotes rápidos.

Las venas devuelven la sangre al corazón después de que su oxígeno ha sido expulsado. Se llama, la sangre desoxigenada. La sangre en las venas se mueve a una presión disminuida y menos rápida que las arterias.

En la parte más simple del marco circulatorio, venas modestas llamadas capilares transportan sangre a través de los tejidos. Al pasar sangre cerca de cada célula, los capilares garantizan el transporte efectivo de las sustancias requeridas. La mayor parte del sangrado que se produce a partir de cortes menores se origina a partir de la filtración de sangre de estos capilares pequeños, aunque importantes.

A pesar del oxígeno y los suplementos, el marco circulatorio también transporta mensajes químicos, como las hormonas, alrededor del cuerpo. Esto permite que los órganos suprarrenales, por ejemplo, envíen mensajes que preparen a todo nuestro cuerpo para la batalla o lucha.

En conclusión, obviamente, el marco circulatorio desempeña la tarea esencial de desviar elementos de desecho de nuestras células. Transfiere dióxido de carbono a los pulmones y diferentes toxinas a los riñones y al hígado para ser excretados.

Ejemplos de términos en el sistema circulatorio son angiograma cardiomegalia vena pulmonar vascular.

3. *Sistema renal/sistema urinario*

Uno de los trabajos principales del sistema renal/urinario es eliminar los desechos que no son necesarios para el cuerpo y el torrente sanguíneo, distribuyéndolos en forma de orina y, por lo tanto, ayudando a mantener una vida saludable.

El riñón permite que la sangre se filtre cuando la sangre pasa a través de él y permite el flujo de sustancias en el torrente sanguíneo que representan una amenaza para el sistema corporal, al tiempo que mantienen las sustancias necesarias.

Esos desechos que el riñón deja pasar se almacenan en la vejiga hasta que el cuerpo la libera.

Ejemplos de términos en el sistema urinario glomérulo hilio uréteres uretra.

4. Sistema endocrino

Las "hormonas", que son los mensajes químicos que envían varios tejidos, están todas integradas en el sistema endocrino y estos mensajes se envían al resto de las partes del cuerpo. Estos mensajes tienen sus propósitos especiales a los que el sistema de cuerpos tendrá que responder, respectivamente.

Los cambios en el medio ambiente y los cambios provocados por la necesidad de supervivencia, como la necesidad de reproducción, son el resultado del sistema endocrino. A continuación se enumeran algunos ejemplos de estos mensajes especiales de los que es responsable el sistema endocrino.

Lucha o huída: a veces, hay cambios repentinos en el entorno que el cuerpo ha llegado a reconocer como perjudiciales. Debido a estos cambios, la glándula suprarrenal entra en acción al liberar la cantidad adecuada de adrenalina. Para responder al mensaje químico que se acumula en el cerebro, la velocidad a la que el corazón dispensa la sangre aumenta a gran velocidad; la respiración también se profundiza para absorber más oxígeno y la formación de la memoria y la percepción se agudizan por el sistema nervioso. También se producen otros cambios para hacer que el cuerpo esté listo para luchar o huir de una amenaza potencial.

Señales reproductivas Glándula pituitaria adenohipófisis folículo páncreas timo: los testículos u ovarios envían mensajes químicos, especialmente cuando el cuerpo está preparado para reproducirse. Estos mensajes químicos afectan a varios órganos de los cuales el cerebro es inclusivo. Hay mensajes químicos que se transmiten a estos diversos órganos del cuerpo para el sistema reproductor femenino que prepara el útero para el embarazo, y esto se repite en un ciclo mensual.

Hambriento o lleno: la razón por la que sentimos hambre es el resultado de la liberación de hormonas del estómago que indican al cerebro que el cuerpo necesita alimentos. Mientras tanto, cuando el cuerpo está lleno, hay otra señal que se envía al cerebro y le dice que la capacidad del cuerpo está llena como una liberación de hormonas.

5. Sistema nervioso

La razón por la que podemos relacionarnos con la luz, el sonido, el olfato y el tacto de nuestro entorno es la funcionalidad del sistema nervioso. Las sensaciones de bienestar y enfermedad se comunican en segundos en todo el cuerpo debido a la forma en que el sistema nervioso está configurado para funcionar.

Existe una unificación de todas las señales y sentimientos por parte de una unidad de procesamiento, el cerebro, que tiene la capacidad de almacenar, procesar y convertir estas señales para obtener resultados diferentes, como llorar, reír, estar de mal humor, pensar y otras emociones. respuestas

Por último, el sistema nervioso tiene una función importante al dar acceso al cerebro para transmitir las señales al cuerpo, lo que conduce a nuestras acciones en respuesta a los estímulos del entorno.

El sistema nervioso logra esto utilizando los servicios de células especializadas conocidas como neuronas, que pueden transmitir señales en gran medida, en relación con la velocidad, mediante el envío de impulsos electroquímicos.

Con el objetivo final de enviar estas señales necesarias, las neuronas deben utilizar grandes medidas de energía. De hecho, hasta un 25% de las calorías que consumimos son utilizadas por el sistema sensorial para permitirnos ver, sentir, pensar y reaccionar.

El sistema nervioso puede lograr esto empleando el mecanismo de células altamente especializadas llamadas neutrones que pueden transmitir señales en segundos al impulsar potenciales electroquímicos.

Para que los neutrones puedan disparar estas señales, requieren enormes cantidades de energía. El sistema nervioso necesita del 25% al 28% de las calorías que están incrustadas en nuestros alimentos para enviar señales que nos permiten interactuar diariamente con el medio ambiente, incluida la forma en que pensamos, nos sentimos y respondemos.

Es un tema común en una escuela de pensamiento en particular que los humanos antiguos nunca fueron lo suficientemente inteligentes como para poder cumplir con la enorme energía requerida para la funcionalidad de un gran cerebro. Gradualmente, comenzaron a satisfacer las necesidades del cerebro al dedicarse a la caza, la agricultura y convertirse en buenos cocineros, cuando los alimentos se hacían más fáciles de comer y digerir y, a la larga, se desarrolló la agricultura.

6. *Sistema muscular*

El movimiento de los organismos y la estimulación de los órganos internos es un resultado del sistema muscular. Existen diferentes tipos de músculos que se encuentran en los mamíferos, como el músculo cardíaco, el músculo liso y el músculo esquelético

El corazón está rodeado por el músculo cardíaco, lo que lo hace el más importante en el sistema muscular. Existen claras diferencias entre el músculo cardíaco, el músculo liso y el músculo esquelético. El músculo cardíaco está construido para hacer contracciones que son continuas. El músculo liso funciona mejor para apretar y mantener. El sistema esquelético, por otro lado, ha sido adaptado para ejercicios pesados.

El músculo liso sirve para cubrir muchos órganos internos y funciona como el portador de ciertos pasajes cerrados, el crecimiento de pelos e incluso la peristalsis, que implica el transporte de partículas de alimentos a través del intestino.

En general, el músculo liso sirve como controlador del sistema nervioso subconsciente o autónomo. Si bien estos músculos pueden controlarse conscientemente en algunos casos, en otros son automáticos. Eso está en oposición directa a los músculos esqueléticos cuyo controlador es el puño nervioso somático, mientras que los músculos externos de los dedos se estiran y relajan, los músculos internos se contraen.

Los músculos de la parte posterior están en contacto cuando los dedos están planos, y estos músculos dependen de la estructura del sistema esquelético para crear fuerzas. La combinación de estos sistemas es lo que se conoce como sistema musculoesquelético.

7. Sistema esquelético

Hay dos tipos principales de esqueleto que conforman el sistema esquelético de los animales. Mientras que los mamíferos tienen el endoesqueleto, los insectos y otros artrópodos tienen el exoesqueleto. La presión del agua también sirve como un esqueleto para algunos animales y esto se llama esqueleto hidrostático. Tanto si se trata del endosqueleto, el exoesqueleto o el esqueleto hidrostático, sus funciones son las mismas, que es proporcionar el soporte y la unión adecuados a los músculos y para los mismos.

Los músculos del cuerpo están unidos directamente al esqueleto con endo y exoesqueletos a través de los tendones y otros tejidos que permiten una conexión. Las fuerzas opuestas se crean así cuando los tejidos permiten que los músculos tiren del esqueleto. Estas fuerzas permiten la libre circulación de la extremidad. Aunque un cangrejo y una jirafa, cuando se comparan, pueden aparecer en extremos opuestos del espectro, en realidad, sus esqueletos funcionan de la misma manera.

Al mover una extremidad, los músculos conectados a un lado del esqueleto deben extenderse mientras que los del otro lado se acortarán. Por lo tanto, está claro que las extremidades tanto del cangrejo como de la jirafa se mueven en movimientos similares, aunque la jirafa aloja su esqueleto dentro de su cuerpo y el cangrejo usa su parte externa. Los músculos se adhieren a la piel y se aprietan para producir una cantidad (bolsas) de líquido para crear movimiento en el esqueleto hidrostático. Este es el mecanismo detrás del movimiento de muchos moluscos como caracoles y pulpos.

El sistema esquelético además de su deber de soporte y fijación también es una muy buena medida de protección. Es bastante obvio con los animales que tienen el exoesqueleto. Un insecto o cangrejo tiene la máxima protección contra su capa gruesa o esqueleto blindado. El efecto también es cierto para animales con exoesqueletos, solo que es menos obvio.

El cerebro está protegido de manera segura contra los daños causados por el cráneo, que se encuentra en una serie de huesos interconectados que encierran el cerebro. La caja torácica también es una serie de huesos que sirven como protección para el corazón y los pulmones a través de su extensión alrededor de la cavidad torácica. Esto implica que nuestro esqueleto es vital para proteger nuestros órganos más importantes.

8. Sistema Integumentario / Sistema Exocrino

Es fácil concluir que, al igual que nuestros huesos y músculos, nuestra piel parece mundana debido a su importancia no obvia, ¡pero es fundamental para el sistema corporal! La piel aloja nuestros otros órganos mientras expulsa cualquier otra cosa.

Cuando hay ataques de bacterias, lesiones, virus y más, la primera línea de defensa contra todo esto es la piel. También es responsable de la cantidad de calor o agua expulsada del cuerpo. Así, el sudor que se observa sobre la piel.

Cada vez que tenemos la piel de gallina, es como resultado de la regulación del sistema corporal provocado por la piel; el estiramiento de la piel levanta nuestros pelos en posición vertical, siguiendo de cerca el aire caliente cerca de nuestra piel.

Los científicos han intentado a lo largo de los años reproducir la piel artificialmente, pero no han podido hacerlo, y esto se debe a la complejidad de los materiales que conforman la piel. Además, tiene debajo, un sistema circulatorio nutritivo que lo mantiene regularmente como un tejido vivo. Hay una serie de glándulas en el exterior de nuestra piel que segregan aceites y otros materiales que aseguran que nuestra piel no se seque ni se agriete.

Dato curioso: el órgano más grande del cuerpo humano es la piel.

9. *El Sistema Linfático*

Todo lo que vive, ya sean plantas o animales, necesita poder luchar contra las infecciones.

Esto se debe al hecho de que siempre hay un organismo que quiere deleitarse con cualquier otro organismo que esté hecho de carbohidratos, proteínas y lípidos deliciosos. Mientras que una parte de estas formas de vida son grandes depredadores, un número notable son aquellos que pueden, sin mucho esfuerzo, coincidir dentro de nosotros de manera espléndida, en lugar de afuera. Son los patógenos diminutos.

Las plaquetas blancas están disponibles en las criaturas para administrar y aniquilar de manera poco común los patógenos atacantes. El hogar de las plaquetas blancas se encuentra en la médula ósea y se encuentran en la sangre y nuestros marcos linfáticos.

El marco linfático es un marco circulatorio que contrasta con el marco cardiovascular que transporta el agua, las plaquetas blancas y diferentes sustancias.

Hay ausencia de glóbulos rojos o plaquetas. La linfa tiene el lujo de moverse más lentamente porque no es el principal portador de oxígeno para el sistema del cuerpo, por lo que los glóbulos blancos tienen el tiempo y la libertad para encontrar y luchar contra los intrusos.

Los ganglios linfáticos son posiciones en el sistema linfático donde los glóbulos blancos pueden atacar cuerpos extraños, como los patógenos invasores. A veces, cuando estamos enfermos, algunos de los ganglios linfáticos, como los de la axila, debajo de la mandíbula, detrás de las orejas e incluso el crecimiento de la ingle, pueden causar mucho dolor e hincharse a medida que el sistema inmunológico lucha contra la infección en esos nodos.

Para que aprecies el trabajo realizado por el sistema inmunológico, observa a los pacientes con sistemas inmunitarios comprometidos, luego sabrás que el sistema inmunitario es excelente en cumplir con su deber. Hay casos de personas que contraen infecciones fatales solo por caminar en un entorno cotidiano porque no tienen un sistema inmunológico funcional que se supone que sirve como protección. Prolongar la ausencia de un sistema inmunológico es recibir infecciones fatales en el cuerpo.

10. *El Sistema Reproductivo*

Para la supervivencia de individuos en una especie, el sistema reproductivo no es fundamental, sin embargo, es básico para la supervivencia de la especie en su conjunto. Existen dos sistemas reproductivos particulares y separados en las personas: en el sistema masculino existe el órgano que es principalmente responsable de la producción de semen, apareamiento; y en el marco femenino, que debe prepararse para el embarazo, el parto y el cuidado infantil para la multiplicación de la especie.

A medida que estudiamos la manera en que los marcos corporales cooperan para garantizar la supervivencia humana, el sistema reproductivo femenino es especialmente cautivador. Te sorprenderá darte cuenta de que durante todo el período de un ciclo mensual de una dama, hay cuatro hormonas distintas que utiliza su cuerpo, una gran parte de las cuales son administradas por sus ovarios, para elegir cuándo y si su cuerpo debería planificar para el embarazo.

En los órganos reproductores se encuentran las hormonas más importantes que se necesitan para la reproducción. Las hormonas en sí traen óvulos para la madurez y preparan el revestimiento que es rico y contienen los abundantes vasos sanguíneos necesarios para crecer un posible embrión.

Otros órganos del sistema del cuerpo tienen sus efectos respectivos y, a medida que el ciclo de la mujer continúa, las hormonas del sistema desempeñan un papel en el grado en que se regula su temperatura, la tasa de flujo sanguíneo y tal vez su atracción por la comida e incluso su conexión con el sexo opuesto, para garantizar que todos los recursos correctos estén en su lugar en el momento adecuado.

Hay casos de mujeres que con el tiempo se ha descubierto que tienen actitudes alimentarias erráticas, que es el resultado de las demandas de su ciclo reproductivo. Notas deficiencias de los diversos minerales que se encuentran en el derramamiento de sangre mensualmente con respecto al revestimiento uterino rico en sangre, por ejemplo, que es el resultado de una mala nutrición. Las mujeres que sufren estas deficiencias pueden querer reponer estos materiales al comer arcilla en realidad. Apuestas a que sus cuerpos saben lo que es correcto para mantener su forma a través de algún conjunto de señales químicas.

Si bien puede no ser obvio que los sistemas corporales interactúen, al menos no tan claramente, los componentes que conforman el sistema corporal interactúan a diario; son un grupo que se combina para mantenernos pateando y marcando a todas las demás especies.

CONCLUSIÓN

Desde cirujanos hasta oftalmólogos y médicos generales, es irrefutablemente claro que el lugar de la medicina en la sociedad cotidiana es tan invaluable como permanente. Los avances gigantes en la tecnología han significado que los médicos ahora estén equipados con un mayor conocimiento en qué consiste el cuerpo, cómo operan y qué lo hace funcionar. Como consecuencia, menos personas mueren hoy que en otros momentos de la historia. Además, los pacientes no tienen que sufrir procedimientos médicos dolorosos, como en épocas pasadas, cuando los médicos resolvían problemas en la oscuridad con herramientas crudas y en gran medida ineficientes.

En el siglo reciente, se ha sabido que los médicos realizan hazañas hasta ahora imposibles. Desde la separación de los gemelos unidos por la cabeza hasta la cirugía plástica, estos logros son solo algunas de las cosas que la medicina ha podido alcanzar por sí misma. Podemos atribuir estas cosas a los saltos en los avances científicos y tecnológicos, pero es en las manos y las mentes de estos médicos que podemos llegar a apreciar plenamente y verdaderamente la belleza de estos éxitos. Los hombres y mujeres que se han entregado a la ciencia de salvar vidas son los verdaderos héroes y no máquinas de trabajo. Sin embargo, ¿cómo podrían haber sabido hacer estas cosas? ¿Cómo podría un cirujano desarrollar una conexión firme entre la cabeza y los ojos y tener el conocimiento para realizar cirugías en algunas de las áreas más delicadas y llenas de sangre del cuerpo humano? ¿No fue por la información que él o ella ha podido retener en todos sus años de estudio y práctica en este campo de la medicina? Es por esta razón que este libro fue escrito. Hubo la necesidad de un libro que desglosara ciertos temas relacionados con la medicina y que también explicara en detalle cómo se desglosan los conceptos y las terminologías médicas.

La medicina es un tema tan amplio como cualquier otro, incluso más amplio. Para sumergirse completamente en ella, primero debes poder superar la dificultad de memorizar ciertas palabras y sus significados. ¿De qué te serviría seguir olvidando ciertas terminologías y el significado y la historia que las rodea? Como estudiante o profesional en el distinguido campo de la medicina, se espera que tengas una comprensión más profunda de lo que implica y un mayor control de todos sus matices.

La medicina tiene muchos aspectos y espero que este libro haya sido un recurso invaluable para ti al descubrir las diversas formas en que se pueden memorizar los términos y las partes y funciones de una gran cantidad de sistemas corporales. Dado que ningún libro sobre medicina es uno que pueda leerse de una sola vez y que se revelen todos sus tesoros, mi consejo es que te tomes el tiempo de volver a leer este libro para descubrir información que hasta ahora has pasado por alto.

Nada es tan difícil que nunca se pueda lograr. Si tu sueño es practicar la medicina, entonces no te rindas. Debes seguir intentando saber hasta dónde puedes ir, y luego ir aún más lejos. Ningún sueño es demasiado elevado o la ambición es demasiado incrédula. Muchos han renunciado a sus decididos intentos de estudiar y practicar la medicina debido a lo amplio que resultó ser el tema y lo difíciles que resultaron comprender, asimilar y recordar algunos términos e ideas. No dejes que este sea el camino que también tomes. Aquellos que han tenido éxito no lo hicieron por meras capacidades sobrehumanas, sino como resultado de un compromiso inquebrantable de seguir intentando y de una determinación decidida de no rendirse jamás. Permítete la mayor probabilidad de éxito y desafía todas las probabilidades que se interpongan en tu camino. Continúa hacia la realización de tus objetivos. Puedes llegar tan alto. Ve a por ello.

www.ingramcontent.com/pod-product-compliance
Lightning Source LLC
Chambersburg PA
CBHW030113100526
44591CB00009B/386